L'AVENIR

PAR M. ***RODIN,

Qui vivra verra.

PARIS

LECOINTE ET POUGIN, ÉDITEURS
LIBRAIRES-COMMISSIONNAIRES
49, QUAI DES AUGUSTINS

LONDRES

A. RICHTER ET C.
30, Soho-Square

LE ROMAN

DE

L'AVENIR.

IMPRIMERIE DE FELIX LOCQUIN,
RUE NOTRE-DAME-DES-VICTOIRES, N° 16.

LE ROMAN
DE
L'AVENIR

PUBLIÉ

PAR M. FÉLIX BODIN,

Membre de la Chambre des Députés.

Qui vivra, verra.

PARIS

LECOINTE ET POUGIN, ÉDITEURS,

LIBRAIRES-COMMISSIONNAIRES,

49, QUAI DES AUGUSTINS.

LONDRES.	LEIPSIG.
A. RICHTER ET C°.	MICHESSEN.
30, Soho-Square.	

1834

AU PASSÉ.

— Savez-vous ce que c'est qu'un *hoax* ?

— Non, je ne sais pas ce que c'est qu'un *hoax*.

— Un *hoax*, monsieur, est une chose burlesquement sérieuse et sérieusement burlesque.

— Monsieur, j'ai l'honneur de vous remercier.

— Cela n'en vaut pas la peine.

Dialogue entre un Anglais et un Français.

DÉDICACE.

—

Au Passé.

C'est vous, respectable passé, qui avez donné tous les élémens de ce livre : car lorsque vous avez eu l'avantage d'être le présent, vous étiez gros de l'avenir, ainsi que l'a très-heureusement dit Leibnitz. En vous dédiant cet ouvrage, je ne fais que vous restituer ce qui vous appartient (pour me servir d'une phrase qui ne vous appartient pas moins).

Vous voyez que je ne suis pas de ces gens inconsidérés, qui, tournant incessamment leurs regards vers l'Eden ou le *Dorado* des siècles futurs, vous prodiguent le blâme et l'insulte, comme s'il avait dépendu de vous de valoir mieux que vous n'avez valu, vous, pauvre victime immolée à la loi du progrès, vous dont les infortunées générations ont servi très-douloureusement de marche-pied à l'élévation et au perfectionnement de celles qui les ont suivies.

Il est vrai que dans d'autres temps on avait tort de vous louer comme l'apogée de la perfection. Mais aujourd'hui que les vieillards eux-mêmes commencent à ne plus radoter l'éloge du passé[1], comme au temps d'Horace, on pourrait bien donner dans l'excès du contraire, et ne pas rendre justice à vos mérites.

Je me garde donc bien de vous mépriser parce que vous avez voyagé modestement à pied avec un bâton, ou sur les chevaux, les chameaux, les ânes, dans des galères, des bateaux à rames ou sur des vaisseaux qui attendaient le vent, ou bien dans des coches, des diligences, et même, si vous voulez, dans des voitures de poste. Aujourd'hui que nous dévorons l'espace, aujourd'hui que la science et la richesse sont ré-

[1] Époque bizarre, où l'on voit des vieillards optimistes et des jeunes gens *désenchantés !*

parties plus également et sur un bien plus grand nombre d'individus, il se trouve encore toutefois beaucoup de têtes pensantes d'une grande force, qui doutent que nous soyons vraiment meilleurs et plus heureux que vous.

Pour moi, je reconnaîtrai du moins volontiers que vous avez eu des grandeurs dont la semence est perdue ou ne germerait plus désormais, des gloires dont l'auréole s'est évanouie, des sources d'émotion poétique et d'enthousiasme religieux qui semblent taries, des tableaux de simplicité patriarcale ou des splendeurs royales qui ne se reproduiront plus! Faut-il appeler un Jérémie pour pleurer sur les rives de ce grand fleuve qui entraîne avec lui dans l'abîme tout ce qui finit sur la terre? ou bien un saint Jean-Évangéliste pour briser les sceaux, verser les coupes, sonner les trompettes qui annonceront la fin de tout ce qui a commencé? ou plutôt faut-il élever vers l'avenir, non un orgueilleux regard de confiance en la puissance humaine, mais un regard de pieuse espérance dans la providence divine?

Pour le moment il n'est point convenable que j'examine cette grande et sérieuse question. Je reviens à ma dédicace.

Je conviens, noble passé, que je vous fais là un hommage qui ne peut vous être bon absolument à rien; mais aussi je peux me vanter, ainsi qu'on le fait dans d'autres dédicaces, de donner une haute preuve d'indépendance en plaçant mon œuvre sous les auspices d'une puissance déchue comme vous. J'espère toutefois que l'avenir me saura quelque gré de cette politesse qui vous est due à tous égards, si tant est (ce dont je doute fort) qu'il ait jamais connaissance de ce livre et de son auteur.

PRÉFACE.

L'auteur, tenant singulièrement à ne point inspirer de préventions défavorables aux personnes qui daignent ouvrir ce livre parce qu'elles comptent bien lire un roman, a l'honneur de les avertir que cette préface est extrêmement ennuyeuse. Comme elle ne sert en rien à l'intelligence de la narration, il les prie de la passer tout simplement, sans crainte de le mortifier le moins du monde.

PRÉFACE [1].

—

Du temps où dominait la croyance en la dégénérescence progressive de l'humanité, les imaginations ne s'élançaient vers l'avenir qu'avec effroi et ne se le peignaient que sous de sombres

---

[1] Un fragment de cette préface fut publié dans un recueil littéraire au commencement de 1831.

couleurs. Sous l'empire de cette croyance que j'appellerais *péjoriste*, on plaçait l'âge d'or au berceau de l'humanité, et l'âge de fer à son lit de mort; on rêvait les fins du monde et le dernier homme.

Quand le progrès vers le mieux, résultat éclatant de la comparaison de plusieurs termes de notre histoire, a été accepté à son tour comme une croyance que j'appellerais *mélioriste*, et qui semble peu à peu supplanter l'ancienne, l'avenir s'est offert aux imaginations tout resplendissant de lumière. Le progrès, conçu comme loi de la vie de l'humanité, est devenu à la fois une claire démonstration et une sainte manifestation de la Providence. Il était impossible qu'une si noble et si grande idée pénétrant les esprits peu à peu depuis un demi-siècle, et les illuminant surtout depuis quelques années qu'elle a été proclamée avec une assurance dogmatique et un poétique enthousiasme, il était impossible qu'elle ne fît pas éclore des religions et des utopies. Aussi n'en manquons-nous point par le temps qui court.

Mais je ne crois pas qu'on ait tenté jusqu'ici, du côté de l'avenir, guère autre chose que des théories utopiques ou des apocalypses.

Dans les unes, l'auteur n'a songé qu'à trouver un cadre pour exposer un système politique, moral ou religieux, sans rien rattacher à une action, sans donner ni relief ni mouvement aux choses ou aux personnes, sans aborder enfin la création vivante d'un monde à venir quelconque.

Dans les autres, des génies doués d'une inspiration exaltée, et dès-lors poétique, ont rêvé l'avenir avec la préoccupation de la dégénérescence croissante du monde, croyance qui dominait la plus grande partie de l'antiquité[1], et

---

[1] *Damnosa quid non imminuit dies?*
Aetas parentum, pejor avis, tulit
Nos nequiores, mox daturos
Progeniem vitiosiorem.
Hor. *Od.*

Pline (liv. vii) dit que l'on reconnaît généralement que le genre humain ne peut être comparé ni pour la multitude, ni

qui, du reste, nous est enseignée par le christianisme. Tel est le fondement de toutes les prophéties, entre lesquelles se distinguent les mystérieux et gigantesques tableaux du fameux visionnaire de Patmos, et tant d'autres conceptions du même genre qui viennent se buter dans le jugement dernier.

Cette idée toute orientale et toute ascétique de la décadence progressive du monde et de l'humanité, est sans doute fort respectable, puisqu'elle est indirectement appuyée sur un dogme si répandu; mais il faut convenir qu'elle n'est pas du tout consolante. L'idée de la perfectibilité fondée sur l'histoire, a au moins le mérite d'encourager l'espèce humaine à bien faire, puisqu'elle entretient l'espérance d'arriver à un meilleur résultat; tandis que la doctrine du mal progressif, ou même seulement du mal perma-

---

pour la stature, ni pour la force, à ce qu'il était autrefois. Ce n'est que le côté physiologique de la question. Mais on ne manquerait point de passages où la question morale est jugée par le pessimisme des vieillards, comme l'a jugée Horace.

nent, telle que l'enseignent certaines personnes, n'aboutit qu'à comprimer tout ressort, qu'à entretenir l'apathie, l'insouciance, et pis encore, chez les hommes.

Les partisans de l'ascétisme diront que cette doctrine est plus conforme aux véritables idées religieuses, en ce qu'elle tend à détacher l'homme d'un monde périssable et imperfectible, pour tourner toutes ses espérances vers un monde où les derniers deviendront les premiers. Mais la doctrine du progrès, s'appliquant autant au progrès moral qu'au matériel, n'est point contraire à la philosophie spiritualiste. Sans doute c'est une pauvre consolation à donner aux malheureux que de leur dire : laissez faire, les générations qui viendront après nous seront bien moins à plaindre. Ils accueilleront toujours avec plus d'intérêt et plus de joie la promesse du royaume des cieux. Mais celui-ci n'est point incompatible avec le progrès sur la terre.

L'opinion philosophique qui, suivant la belle

expression d'un novateur audacieux, a transporté l'âge d'or du passé dans l'avenir, doit donc faire naître des inspirations plus morales et plus utiles, sinon plus religieuses. Si jamais quelqu'un réussit à faire le roman, l'épopée de l'avenir, il aura puisé à une vaste source de merveilleux et d'un merveilleux tout vraisemblable, s'il se peut dire, qui énorgueillira la raison au lieu de la choquer ou de la ravaler comme l'ont fait toutes les machines à merveilleux épique, qu'il a été convenu de mettre en jeu jusqu'à présent. En offrant la perfectibilité sous la forme pittoresque, narrative et dramatique, il aura trouvé un moyen de saisir, de remuer les imaginations, et de hâter les progrès de l'humanité, bien autrement puissant que les meilleurs exposés de systèmes, fussent-ils présentés avec la plus haute éloquence.

Cependant les esprits élevés porteront leur attention sur une difficulté. De grandes questions partagent depuis des siècles le monde intelligent. Des opinions très-opposées ont toujours leur bannière arborée sur la terre. Chaque système prétend être bon et vrai, et espère de prévaloir un jour; car sans cela vaudrait-il la peine de défendre un système? Qui songe à s'attacher à ce qui périt? De là vient que dans toute tête humaine il y a tendance à modeler le reste du monde d'après son type particulier. Toute civilisation qui s'étend a la prétention de plier à l'uniformité les civilisations qu'elle pplante. Ce n'est donc point le caractère particulier de la civilisation européenne. Quand les Musulmans se répandaient sur l'ancien monde, ils y faisaient dominer leur civilisation; aujourd'hui qu'ils perdent du terrain, au lieu d'en gagner, c'est la nôtre qui fait des progrès. Mais où cela s'arrêtera-t-il? Les idées, les types européens doivent-ils un jour s'épandre sur toute cette planète? Et comme nos races d'Europe sont très-diverses, ainsi que nos systèmes, nos types, nos formes sociales, est-il donné à un seul système philosophique, social, industriel, de prévaloir sur tous les autres, et conséquemment de régner seul sur toutes les races humaines, apparemment pour leur plus grand perfectionnement et leur plus grand bonheur? Or, voilà, j'en conviens, une question que nous n'avons pas d'élémens pour résoudre.

Il paraît que la grande diversité des ra... s'opposera long-temps à cette unité dans le mode d'existence des peuples; et encore est-il prouvé que ces races puissent jamais se mêler entièrement, quels que soient les *remuemens* qui les ressassent d'âge en âge? La nature ne reproduit-elle pas toujours, après une longue suite de générations, les germes primitifs que de nombreux croisemens ont pu modifier sans jamais les détruire? Cette belle question physiologique est encore entourée de ténèbres. La science de l'ethnographie est trop peu avancée; trop peu d'observations ont été rassemblées, pour qu'on puisse hasarder aucune opinion à ce sujet. Dans tous les cas je n'aurais pas la prétention de trancher en passant des difficultés sur lesquelles un jour on écrira des livres.

Mais en prenant l'espèce humaine sur un seul point du globe, dans un pays où elle a eu le temps, dans une série de siècles non interrompue par l'invasion ou les colonisations, d'acquérir toute l'apparence de l'homogénéité, combien d'organisations différentes ne remarque-t-on pas dans les individus? Combien de tempéramens divers, et conséquemment de caractères divers, de systèmes philosophiques, politiques et religieux divers!

La querelle interminable des spiritualistes et des physiologistes, des dogmatiques et des empiristes, des ascétiques et des utilistes, etc., etc., est apparemment fondée sur la diversité des organisations humaines. Il y aura toujours aussi des têtes poétiques et des têtes positives; et si la tendance de notre civilisation vers l'uniformité des types et l'égalité des existences semble, dans l'avenir, aligner pour ainsi dire toutes les choses de la vie, et niveler sous le cordeau des lois toutes les inégalités du vieil état social, qu'on se rassure sur cette invasion du positif. Tant qu'il y aura du bien et du mal, des sympathies et des passions haineuses; tant que la nature étalera ses horreurs et ses richesses, infligera aux hommes ses fléaux, ou leur prodiguera ses bienfaits; tant que les femmes, l'amour, l'exaltation religieuse des cœurs tendres, des ames sublimes, et les terreurs superstitieuses des faibles cerveaux existeront; enfin (pardon de ce blasphème physiologique), tant que le système nerveux existera, il y aura de la poésie sur la terre.

Le progrès sur lequel il faut compter, c'est que les systèmes différens s'adapteront de plus en plus à l'ordre de choses qui leur est propre. Les systèmes positifs prévaudront peu à peu dans l'organisation matérielle de l'état social : les systèmes poétiques seront en possession du domaine de la religion et des arts. La séparation de ces systèmes terminera peut-être enfin les longues discussions qui ont tout retardé jusqu'ici. On ne raisonnera plus autant sur les choses de sentiment ou d'inspiration; on laissera moins d'autorité à l'enthousiasme dans les choses qui se décident d'après l'expérience et la raison. Mais cette séparation peut-elle être jamais parfaite? Je n'ose guère le croire. Tout ce qu'on peut espérer, c'est que chaque système se perfectionnera et se développera pour chaque branche d'organisation. Ils subsisteront parce qu'ils sont dans la nature de l'homme, soit qu'ils existent en paix ensemble et pêle-mêle dans le même pays, ce qui m'a semblé parfois le vrai idéal du perfectionnement; soit qu'ils essaient chacun de s'isoler sur quelque coin du globe pour s'y cultiver avec plus de liberté et s'appliquer entièrement à modeler tout un ordre social. Quant aux dogmes et aux formes politiques d'aujourd'hui, qui peut garantir leur éternité? Combien de formes semblables qui ont régné chez des peuples puissans, ont entièrement disparu de ce monde? Peut-on discerner celles qui ont les plus profondes racines dans la nature de l'homme? Il est certain qu'il en est qui s'étendront progressivement dans le monde, tandis que d'autres y deviendront de plus en plus rares et circonscrites.

Voici donc toutefois une des difficultés de la littérature futuriste (j'ai la manie aussi, moi, tout comme les autres, de faire des mots nouveaux): c'est de ne pouvoir contenter tout le monde. Mais au surplus pareil inconvénient se retrouve partout ailleurs. Nous ne pouvons nous entendre sur le passé; comment serions-nous d'accord sur l'avenir, qui est, ce me semble, un peu plus dans le vague? Chacun s'arrange un avenir à sa fantaisie; chaque système, chaque secte a le sien. On ne peut les satisfaire ensemble; mais on peut donner à chacun sa part, au risque de les mécontenter tous également. Il se pourrait bien que j'aie parfaitement réussi à obtenir ce résultat. Ce serait assez singulièrement porter jusque dans l'avenir l'application du système du juste-milieu : mais quand le succès ne serait pas heureux, le but n'en serait peut-être pas moins bon.

Au train dont la civilisation européenne paraît lancée maintenant, je conçois que les esprits calmes et prudens ne voient pas sans un peu de crainte le mouvement rapide du progrès, surtout après l'avoir vu arrêter tout à coup par de si terribles accidens. Peut-être devrait-on en user avec les utopies comme Fontenelle en usait avec les vérités. Cependant est-il rien d'éternel dans ce monde? Chaque siècle n'amène-t-il pas un changement quelconque, ou, en d'autres termes, n'a-t-il pas sa révolution? Laissons à la spéculation le privilége d'imaginer toujours le mieux, pourvu que la pratique soit maintenue dans la volonté et la puissance de ne faire que le mieux actuellement possible. On peut considérer la tendance des choses dans l'avenir sans cesser d'être attaché aux lois en vigueur. Ceci est de la patience rationnelle qui vaut bien certains enthousiasmes aveugles, certains dévouemens intempestifs qui dans leur impatience anticipent sur un ou deux siècles. Qu'on mette le mieux tant qu'on voudra dans la fiction ; mais dans la réalité on peut en même temps aller au secours du bien contre le mieux prématuré. Je ne crains guère les perturbateurs qui, tranquilles dans ce siècle, ne peuvent être impliqués que dans la conspiration de l'avenir.

S'il fallait passer maintenant aux considérations purement littéraires qui se rattachent à ce sujet, il me resterait peu de choses à dire, quoiqu'il soit toujours fort tentant de faire la poétique du genre en tête de l'œuvre. Mais ceci n'est qu'un essai si court, si incomplet, si parfaitement sans prétention, qu'en vérité la conséquence deviendrait ridicule par les prémisses. Je reproduirai seulement ce peu de mots que j'ai dits ailleurs :

« La civilisation tend à nous éloigner de tout

ce qui est poétique dans le passé : mais elle a bien aussi sa poésie et son merveilleux. »

Cette pensée, extraite d'un *Coup d'œil sur l'Histoire de la civilisation*, renferme toute la poétique du *Roman dans l'avenir*. On veut de nouvelles routes pour la littérature, de nouveaux champs pour l'imagination ; il me semble qu'en voici, ou je me trompe fort. Ceux qui se plaignent que le passé a été assez exploité, n'en diront pas autant, j'espère, de l'avenir. Ils diront au contraire : essayons enfin de sortir de ce passé si triste sur lequel nous vivons en littérature, pour nous lancer dans un inconnu si séduisant! Là peuvent se trouver des révélations de somnambules, des courses dans les airs, des voyages au fond de l'Océan, comme on voit dans la poésie du passé des sibylles, des hippogriffes et des grottes de nymphes ; mais le merveilleux de l'avenir, comme je l'ai dit précédemment, ne ressemble point à l'autre, en ce qu'il est tout croyable, tout naturel, tout possible, et dès-lors il peut frapper l'imagination plus vivement, et la saisir en s'y peignant comme la réalité. On aura trouvé ainsi un monde nouveau un milieu tout fantastique, et pourtant pas invraisemblable pour y faire mouvoir l'homme avec la mobilité de ses idées et l'immuabilité de ses penchans.

Une dernière question se présente, et peut-être pour beaucoup de gens sera-ce la première. La littérature semblant partagée depuis quelques années entre deux genres, auquel appartient cet ouvrage? J'ai grand'peur qu'il n'appartienne à aucun, si toute littérature est le reflet de toute la civilisation d'une époque. Il n'est point classique, car il n'exprime ni l'état social des anciens, ni l'ordre d'idées qui servait de type à notre littérature des deux siècles passés. Il n'est point romantique, si le romantisme est l'expression du moyen-âge. Qu'est-il donc? Ma foi! je n'en sais rien. Il sera, si l'on veut du genre futur; soit dit sans conséquence, car j'ai meilleure opinion de la littérature de l'avenir. L'essentiel est qu'il ne soit pas de ce genre qu'on a cultivé de tout temps, mais qu'on n'a pas encore pris la peine de définir; je veux dire du genre ennuyeux. Il a du moins une chance, c'est de sauver l'ennui par la bizarrerie. S'il était bien sérieux, il eût fallu le faire plus long ; mais il eût couru le risque de l'être beaucoup trop. S'il n'est qu'une plaisanterie, au moins ne dure-t-elle pas longtemps.

En attendant, l'épopée de l'avenir reste à faire : j'espère bien qu'un autre que moi s'en chargera. Dans ce vaste empire littéraire, il y a largement place pour un Moïse, un Homère, un Dante, un Arioste, un Shakspeare et même un Rabelais. Grand et heureux qui en sera le Moïse ou l'Homère : il sera à la fois le prophète, le poète, le moraliste, le législateur et l'artiste des générations futures. Au point où en sont les esprits, on dirait qu'il manque une seconde Bible, celle qui racontera l'avenir.

Pour le moment, la question est de savoir si,

après les grotesques et audacieuses fantaisies de Rabelais, les amusantes et satiriques inventions de Cyrano et de Swift, et les pétillans romans philosophiques de Voltaire, il était possible de trouver quelque chose de nouveau et toutefois d'analogue; quelque chose qui ne fût ni d'une fantaisie trop dévergondée, ni d'une intention purement critique, ni de cet esprit philosophique qui nuit à l'intérêt et à l'illusion en substituant toujours des idées aux personnages, et en subordonnant l'action et les caractères à la thèse qu'il soutient; et pourtant une chose à la fois fantastique, romanesque, philosophique et un peu critique; un livre où une imagination brillante, riche et vagabonde, pût se déployer à son aise; enfin, un livre amusant sans être futile. Je crois que ce livre était possible; mais je suis encore parfaitement convaincu qu'il n'est pas fait.

Qu'un autre l'essaie : je souhaite de bon cœur qu'il réussisse mieux que moi.

INTRODUCTION.

Prudens futuri temporis exitum, etc.

La divinité a prudemment agi en plongeant l'avenir dans une nuit impénétrable.

*Audax omnia perpeti
Gens humana*, etc.

Hardie à tout oser, la race humaine se précipite dans ce qui lui est défendu.

HORACE. *Odes.*

INTRODUCTION.

—

Quoi donc! une introduction après une préface! N'y a-t-il pas là double emploi? — Pardon, s'il vous plaît. La préface est quelque chose d'empesé, de collet monté, de grave, d'ennuyeux, que les auteurs se croient parfois obligés d'adresser à une portion très-exigeante du public, pour son édification ou pour l'acquit de leur conscience et le soulagement de leur modestie.

C'est ordinairement dans une préface qu'on dit : Voilà le sujet que j'ai traité ; je vous le montre du point de vue le plus culminant ; je l'envisage sous tous ses aspects : vous voyez bien que je le comprends mieux que personne, et que jusqu'à présent on n'y avait rien aperçu de semblable. On y dit encore quelquefois : Il est clair qu'il ne tiendrait qu'à moi de faire beaucoup mieux ; je n'ai pas embrassé tout le sujet, uniquement parce que cela ne m'a pas convenu ainsi. Nous verrons plus tard, si le public accueille ce ballon d'essai comme il le mérite, Enfin, on y dit beaucoup d'autres choses aussi impertinentes. Je conçois donc parfaitement l'immense quantité de personnes qui ne lisent point les préfaces.

Quant aux introductions (je ne parle que de celles des romans), c'est toute autre chose. L'introduction fait presque partie intégrante du roman, comme la maison du concierge fait partie du château. L'auteur s'y montre ordinairement sous des formes agréables et engageantes. Il s'y présente comme l'obligeant *cicerone*, qui doit vous conduire dans le bâtiment, et vous en expliquer les merveilles.

C'est donc dans l'introduction qu'il faut que je dise comment le *roman de l'Avenir* a pu être fait humainement. J'accomplirai en même temps le devoir de tout auteur consciencieux envers la classe la plus aimable et la plus nombreuse des lecteurs de romans, qui veut y trouver d'abord toute l'apparence de la réalité.

Pour inspirer ici une confiance égale à celle que de très-grandes dames accordent souvent aux oracles de mainte tireuse de cartes, de mainte sibylle en vogue, on pourrait ou imaginer, comme à l'ordinaire, quelque manuscrit bien poudreux trouvé au fond d'un monastère grec, ou bien supposer quelque vieil astrologue à grande barbe, vivant parmi les hibous et les orfraies au sommet d'une antique tour en ruines. Le récit détaillé et longuement dialogué des circonstances qui auraient fait connaître ce personnage à l'auteur ou à l'éditeur; la description minutieuse de sa mine, de sa taille et de son costume, jointe à celle de l'antique castel, et même des bois, rochers, landes, ravins et torrens circonvoisins, y compris toutes les échappées de vue, plus encore celle de beaucoup d'autres personnages subalternes ; enfin l'entrevue mêlée d'incidens, d'interruptions, de parenthèses et de certaines insinuations mystérieuses : tout cela pourrait s'étendre aisément au point de former une introduction qui remplirait au moins un demi-volume, suivant l'usage d'illustres devanciers.

Mais le respect de l'auteur, ou pour mieux dire, du modeste metteur en œuvre qui publie ce livre; son respect, dis-je, pour les lecteurs scrupuleux, l'oblige à avouer que la source à laquelle il a puisé cette véridique histoire future, n'est pas tout-à-fait si romantique, mais n'en est pas moins digne de confiance.

Il est possible que peu de personnes se rappellent un des réfugiés italiens de 1820, nommé Fabio Mummio, qui se trouvait à Londres en 1823 et 1827, époques auxquelles je l'y ai connu. Je m'empresse de dire, pour obtenir plus de crédit auprès des lecteurs d'outre-Manche (si tant est que cet ouvrage traverse jamais le détroit) que ce modeste savant, qui portait tout simplement le nom de Mummio, n'était rien moins que *il signor Marchese di Foscanotte*, de l'illustre maison de Mommj.

S'il se bornait à ne porter que son nom dans le pays du monde où les titres produisent le plus foudroyant effet sur les imaginations, c'est par une raison que concevront aisément ceux qui connaissent ce même pays, où l'argent est considéré comme un accessoire indispensable du lustre aristocratique. Sans doute, son hôtesse, mistress Wilson, très-respectable mercière de *Bishopsgate street, within*, eût servi avec infiniment plus d'égards et de déférence le marquis de Foscanotte, quoiqu'un marquis du continent soit considéré, chez les vaniteux insulaires, tout au plus comme l'équivalent d'un *squire* anglais; mais en même temps il est vraisemblable qu'elle eût cru devoir, par compensation, doubler la pension hebdomadaire de deux livres sterling que payait le réfugié pour son logement, y compris le thé; ce qui eût apporté une grande perturbation dans le budget du pauvre Fabio. Il avait donc très-sagement préféré cacher sa noblesse péninsulaire sous le manteau d'un strict *incognito*, afin de n'en point supporter les charges dispendieuses; ce qui lui eût été impossible d'ailleurs, car je dois me hâter de dire qu'il était complétement ruiné.

Cela vous explique tout d'abord comment il se fait qu'il avait pris son domicile dans un quartier si diamétralement opposé au *fashionable West-End* de Londres; et en même temps je me trouve dispensé de toute apologie pour le justifier auprès des lecteurs, dans l'esprit desquels il pourrait être perdu par le nom si entaché de vulgarité de la rue que j'ai mentionnée tout à l'heure, rue qui ne peut être habitée que par des *Nobody Knows*, de véritables *Cockneys* (je leur en demande pardon à tous).

Mais je m'aperçois que mon style tourne un peu trop à la verbosité que je voulais précisément éviter. Je vais tâcher de hâter le pas. Fabio Mummio avait donc mangé une centaine de mille livres de rentes, soit avant, soit après les événemens qui l'avaient banni de sa patrie. Comment cela ? Vous allez le savoir.

Originaire de la Toscane, sa maison prétendait descendre de la famille *Mummia*, qui, disait-il, avait fourni un grand nombre d'augures à la ville éternelle ; le fait est qu'il croyait de bonne foi à cette généalogie fabriquée par quelque complaisant érudit de Florence ; il en parlait avec un sérieux que n'avaient sans doute pas ceux de ses illustres ancêtres qui se trouvaient nez à nez avec un de leurs confrères du collége augural.

Soit que le sang étrusque se manifestât en lui, ou qu'il fût dominé par cette préoccupation, il avait montré dès l'enfance un penchant invincible à acquérir la connaissance de l'avenir. L'astrologie judiciaire, la chiromancie, la nécromancie, toutes les sciences occultes avaient eu part à ses études, et il n'avait rien épargné pour entrer en relation avec les personnes de l'Europe, et même des autres contrées, qui s'étaient adonnées à ces singulières spéculations. De longs voyages, une immense correspondance, une bibliothèque cabalistique la plus complète : tout cela n'avait pas laissé que de lui coûter cher. Il faut ajouter qu'il se proposait pour de si laborieux travaux un but assez noble pour faire excuser son extravagance aux yeux du monde. Constamment occupé du sort de sa belle patrie, si digne de figurer avec éclat parmi les nations, il s'était attaché à trouver un moyen de divination pour découvrir dans l'avenir de plus hautes destinées à cette terre fameuse.

Pendant son séjour en Egypte, le marquis Mummio avait fait la connaissance d'un extatique fort extraordinaire qui, dans l'état de sommeil magnétique, se trouvait en rapport avec tout le passé de l'Egypte, retrouvait l'histoire perdue de plusieurs dynasties de Pharaons, et racontait celle des monumens multiséculaires de cette terre antique, de façon à nous faire regretter de n'avoir plus ce brave homme pour l'endormir au pied de notre obélisque de Louqsor. Mais il est passé depuis long-temps dans un meilleur monde, non toutefois sans nous avoir laissé l'héritage de ses hallucinations, car elles ont été recueillies et imprimées aux frais d'un riche Anglais, en un gros in-quarto, tiré à cinquante exemplaires (1). Il n'en fallut pas davantage pour

---

(1) Ceci est à la lettre. J'ai eu entre les mains un des exemplaires de ce livre curieux, qui est imprimé en anglais et en italien. J'avoue franchement que cela m'a semblé un fatras amphigourique assez ennuyeux.

persuader à l'enthousiaste Fabio qu'il trouverait dans le magnétisme et l'étude du somnambulisme l'agent fatidique qu'il cherchait depuis si long-temps.

Si c'était ici le lieu de faire des objections à l'opinion de notre digne réfugié italien, peut-être en présenterais-je d'assez sérieuses. Je dirais, par exemple, que si le pronostic médical, tel que le donnent souvent les somnambules avec tant de précision, même pour un avenir éloigné, n'a rien qui embarrasse la raison, parce que dans l'état présent des organes d'un malade peuvent se trouver tous les élémens de cette prévision, il n'en est pas de même du pronostic de faits dépendans de ce que dans notre ignorance nous appelons le hasard. Toutefois, si l'on me demandait de prouver l'impossibilité de ce dernier pronostic, j'avoue qu'on me mettrait fort en peine. Il est probable que la vieille question du fatalisme et du libre arbitre sera encore longtemps pendante dans ce monde. Ainsi, en attendant, je crois que nous ferons aussi bien de ne pas trop chicaner le bon Fabio, pas plus que les auteurs anglais qui ont publié de nombreux et surprenans exemples de l'infaillibilité des prédictions faites par voie de *second sight* (1).

M. de Foscanotte s'était donc soigneusement appliqué, dans les diverses contrées qu'il avait parcourues, à interroger magnétiquement une foule de jeunes filles d'organisations très-diverses : de pâles Italiennes aux belles épaules, au sévère profil, attaquées d'anévrismes; des Espagnoles au teint rembruni, aux yeux noirs, brillans, et en forme d'amande, atteintes de la maladie du foie; de fraîches et grasses Allemandes, aux cheveux châtains, aux yeux gris-de-perle,

---

(1) La *seconde vue* des montagnards de l'Ecosse et de l'Irlande.

qui, sans être malades, dormaient et parlaient avec une facilité merveilleuse; de jolies et piquantes Françaises, à la taille svelte, à l'élégante tournure, qui se plaignaient des vapeurs et des nerfs, à une époque où l'on n'avait pas encore inventé le mot de *gastrite*. Et sans parler des Grecques, des Asiatiques et des Africaines de différentes races, que je ne saurais peut-être pas bien caractériser, le *would be prophet* (comme diraient les Anglais) avait magnétisé dans le même but des beautés des trois royaumes, aux grands yeux bleus et humides, aux longs cous de cygne, à la démarche naïve et gracieuse par leur timidité, et pour la plupart atteintes de consomption. Il s'était transporté dans les *Highlands*, et jusque dans l'île de Sky, à l'ouest de l'Ecosse, île renommée par la quantité de *seers*, ou personnes douées de la *seconde vue*, qui l'habitent.

Il est vrai que cette partie de sa tâche

n'avait pas été facile à remplir. De bizarres scrupules religieux, et la sévérité de révérends *clergymen*, qui condamnaient même la seconde vue spontanée, comme une tentation et une sorte de possession du malin esprit, lui opposèrent souvent de sérieux obstacles, malgré la retenue chaste, et je pourrais dire pieuse, avec laquelle il procédait dans ses expériences. Mais il ne s'était pas rebuté pour cela, et les cures nombreuses et éclatantes qui signalaient presque partout son passage, servaient à faire fuir les préjugés ou les préventions.

A en croire l'excentrique Fabio, ces femmes devaient avoir la prévision du sort qui attendait toute la postérité de leurs familles; ce qui le conduisait à des renseignemens futurs sur toutes les parties du globe : tant l'espèce humaine devient voyageuse, tant les alliances entre les peuples éloignés se multiplient! D'autres fois, adoptant l'idée asiatique de la métempsycose, il attribuait à chaque individu le pressentiment des conditions réservées à son âme, dans les divers corps où elle devait passer. S'étant lié, à Calcutta, avec un fameux bramine extatique, il lui avait emprunté cette opinion, ainsi que plusieurs secrets.

Fabio assurait toutefois que cette prescience ne pouvait être obtenue qu'au moyen d'une forte intuition excitée par les jeûnes, la prière, la respiration de certains gaz, de certaines vapeurs aromatiques, et l'usage de certaines potions opiacées ou autres, connues pour agir puissamment sur le système nerveux. De la sorte, il déterminait complètement en lui cet état d'extase qu'ont recherché les exaltés de toutes les croyances religieuses, et même de plusieurs sectes philosophiques, comme un moyen de s'élever au-dessus des choses terrestres, de planer dans les régions éthérées, et d'entrer en contemplation de la suprême intelligence, source de tout bien; tandis que les physiologistes, les expérimentateurs, gens tout positifs, et en garde contre les hallucinations, pensent que le meilleur moyen d'arriver à quelque résultat dans la recherche de la vérité, est tout simplement de maintenir son cerveau à l'état normal, ses organes en bonne santé, et de fortifier sa raison sur ce terrain solide, au lieu de la lancer sur une mer où elle court de grands risques; enfin, de ne pas choisir, comme de bons guides pour l'entendement, le sommeil, l'ivresse ni la folie. Vous voyez que je ne néglige jamais l'objection. Mais le subtil et savant Fabio ne manquait point de réponses très-spécieuses sur ce point; il les présentait avec une calme et patiente conviction, quand il ne se laissait pas entraîner à l'éloquence de l'enthousiasme. Bref, cet honnête illuminé était ce que dans le monde on appelle par bienveillance une tête poétique, et moins poliment, un fou.

Je ne m'arrêterai pas davantage à sa personne, dont je pourrais faire cependant un portrait assez curieux. Je me bornerai à dire qu'il avait le visage maigre, des traits prononcés et remarquables, le nez très-long, le teint fort pâle, les yeux bruns et enfoncés, le menton saillant. Il ne rasait qu'une très-petite partie de sa barbe, jadis du plus beau noir, et cette singularité lui donnait l'air assez peu *gentleman-like*, à une époque où le monde n'avait pas laissé à la croissance du système barbu toute la latitude dont il jouit aujourd'hui; j'ajouterai même qu'il laissait flotter ses cheveux extrêmement longs sur ses épaules, ce qui sans doute donne à un homme un air fort intéressant; mais je dois dire que cela a l'inconvénient grave de maintenir le collet des habits dans une saleté permanente. Je vous ferai grâce des autres accessoires, et je ne décrirai ni son costume, ni ses diverses attitudes, ni la manière dont il prenait du tabac. Il suffit que vous sachiez qu'il a quitté cette vie le 26 mai 1828, et qu'avant sa mort il a bien voulu me léguer ses manuscrits. C'était le seul et unique legs qui se trouvât dans son testament.

Ce témoignage de suprême confiance ne me surprit guère moins qu'il ne me flatta. Ce fut en recevant plusieurs énormes caisses qui contenaient mon héritage inattendu, et qui m'étaient expédiées par le *Spread-Eagle office*, que j'appris le passage du pauvre visionnaire italien dans un monde où il doit probablement avoir des notions plus exactes de l'avenir que celles qu'il s'est procurées dans celui-ci. Son legs devait toutefois me consoler. En effet le testateur m'autorisait à faire de ses papiers, et pour le bien de l'humanité, l'usage que bon me semblerait.

J'avoue cependant que je me trouvai

d'abord assez embarrassé en parcourant l'immense répertoire de visions, de prévisions, de prophéties, livrées ainsi à ma discrétion. Trois cent trente-trois gros cahiers in-folio, composant ce trésor sibyllin, m'offraient, dans le plus grand désordre et sans dates précises, l'avenir de chaque contrée du globe. Apparemment aucun moyen magnétique n'avait pu mettre l'interrogateur à même de fixer une sorte de chronologie future. Les somnambules se contredisaient toutes à cet égard, autant que j'ai pu le comprendre par ses notes marginales. Tout ce que j'ai entrevu, c'est que les plus grands efforts prophétiques n'ont pas atteint au-delà du vingt-unième siècle de notre ère. Encore tout paraît-il couvert de nuages et d'obscurité dans les élans de la pensée visionnaire vers cette époque. Cela se conçoit aisément, à voir les changemens prodigieux qu'un siècle opère sur la face du monde.

Quelle tête politique chez les anciens eût pu imaginer la possibilité d'un état social sans esclaves? Le vaste esprit d'Aristote et la belle inspiration de Platon n'eussent pu, je ne dirai pas pressentir, mais même comprendre qu'une seule ville d'Italie finirait par conquérir et par civiliser un monde deux fois plus grand que celui qu'ils connaissaient. Quel génie, au dix-septième siècle, eût pu concevoir l'idée de ce qui se passe depuis cinquante ans dans les deux hémisphères? L'honnête et quelquefois amusant déclamateur Mercier, qui crut, il y a une cinquantaine d'années, rêver l'an 2440, ne poussait pas même jusqu'au gouvernement représentatif, aux pantalons et aux cheveux à la Titus. Il ne va pas plus loin que les idées de quelques philosophes et économistes français en vogue de son temps; et sa monarchie philantropique, qui n'est qu'une modification du pouvoir absolu, ne paraît guère plus avancée que les têtes de ses citoyens futurs sur lesquelles il croit innover audacieusement en se bornant à les blanchir d'un *soupçon de poudre*, et en relevant les cheveux en chignon.

Mon vieil ami Fabio Mommio attribuait cette limitation de ses perquisitions dans le futur, à quelque cataclysme qui bouleversera notre planète à une époque peu éloignée ; il expliquait l'obscurcissement de la vue intime de ses somnambules dès qu'elles touchent à cette époque, soit par une queue de comète qui doit envelopper notre atmosphère, et plonger notre postérité dans l'engourdissement, ou la noyer ou la rôtir ; soit par l'augmentation croissante de la croûte qui s'interpose entre les rayons solaires et notre globe ; soit enfin par une avalanche de glaces australes qu'amènera la déviation continue de l'écliptique vers le pôle boréal. Pour moi qui attache moins d'importance à ces inquiétudes astronomiques, je pense tout simplement que ce point d'arrêt prouve que la pensée, même aidée de l'interrogation magnétique, ne peut aller plus loin. Il y a même des choses si extraordinaires dans les prophéties tombant vers la fin du vingt-unième siècle, que je me suis abstenu d'en parler, de peur de mettre la créance des lecteurs à une trop rude épreuve. Je ne publie donc, quant à présent, qu'une très-petite partie de ce que je pourrais tirer de cette abondante mine littéraire. Mais je devrais plutôt avoir un autre sujet d'inquiétude, car le pis qui pourrait m'arriver, serait qu'on ne me trouvât pas assez grand sorcier.

Comme il m'a donc été impossible de donner des dates précises sur les événemens qui forment le tissu de ce récit, je dois du moins indiquer l'époque à laquelle se passe l'action principale. Autant que je puis le conjecturer, c'est dans le cours du vingtième siècle de notre ère chrétienne. Pour arriver à ce résultat, j'ai fait d'immenses efforts ; j'ai confronté une foule de passages extraits, soit des divers procès-verbaux somnambuliques, soit des révélations autographes écrites pendant le sommeil par les somnambules elles-mêmes qui ont apporté le tribut de leur système nerveux pour enrichir ce précieux recueil. Est-ce au milieu ou à la fin de ce vingtième siècle ? Je n'en sais rien. D'après cela, l'imagination des lecteurs ne manque pas d'espace pour se promener, et beaucoup d'entre eux peuvent espérer que leurs petits enfans sauront à quoi s'en tenir. Après tout, si ce livre devait vivre jusque-là, et de roman devenir une histoire, je le croirais infiniment plus heureux qu'il ne mérite.

Quant à la forme de la narration, il a fallu, pour qu'elle fût claire et coulante, raconter toutes ces choses futures au présent ou au passé, comme si le roman lui-même était écrit et publié dans deux cents ans d'ici, comme s'il s'adressait au public qui existera dans ce temps-là.

Rien qu'un mot encore. Tout ce qu'on y trouvera de mauvais, j'en décline hardiment la responsabilité, qui doit peser tout entière sur les manuscrits que j'ai consultés. Mon visionnaire italien sera pour moi une façon de Trithême. Si le lecteur ne veut pas l'accepter pour un oracle, il faut bien qu'il le prenne pour un éditeur responsable.

I

CARTHAGE. LE KIOSQUE.
LE RÊVE.

Multa renascentur, etc.

Il renaîtra bien des choses qui sont tombées en décadence, et d'autres qui sont debout aujourd'hui tomberont à leur tour.

OVIDE.

Les songes contiennent infiniment moins de mystères que le peuple ne croit, et un peu plus que ne pensent les esprits forts.

BAYLE.

I

Carthage. Le Kiosque. Le Rêve.

De toutes les villes nouvelles qui se sont élevées sur d'antiques et glorieuses ruines, pour raviver l'immense littoral de la Méditerranée, Carthage est, de l'avis de tout le monde, la plus animée et la plus pittoresque. Si vous connaissez les délicieuses maisons de plaisance dont ses environs sont ornés, principalement du côté d'Utique, vous avez sans doute remarqué celle qui domine toutes les autres par son élévation, en les surpassant par une magnificence au moins égale à celle des plus beaux palais de Constantinople.

Je n'en ferai point la description, parce qu'en général il faut éviter de décrire les choses ordinaires, surtout au commencement d'un livre.

Ce serait à n'en plus finir : des colonnades de marbre, de brèche et de granit rose, de vastes bassins d'albâtre, des eaux jaillissantes, et des fontaines dans le goût africain; et puis des berceaux de lauriers et de myrte, des portiques de verdure, comme on en voit dans toutes les *ville*, mais avec un caractère particulier.

Chacun sait que cette somptueuse habitation est la résidence favorite de la belle Politée, fondatrice de la Carthage rétablie.

Politée donc est assise avec la jolie Mirzala, sa sœur, à respirer la brise du soir dans un kiosque de porcelaine, d'où l'on aperçoit à droite la mer comme un horizon enflammé, et puis sur un plan moins éloigné quelques mamelons encore incultes, couverts de nopals et d'aloës en fleur, et çà et là de gaies plantations de palmiers, de citronniers, d'orangers, d'arbousiers, de térébinthes, d'arbres pittoresques ou productifs des deux hémisphères.

Dans un lointain bleuâtre, une échappée laisse entrevoir la ville moresque de Tunis, et sur une autre plan une partie du vaste aqueduc de la ville antique d'Annibal. A gauche, et comme du bord d'un précipice, l'œil plonge sur la ville nouvelle, ses terrasses, ses dômes, ses minarets et ses vastes et monumentales constructions, les unes achevées, les autres hérissées d'échafaudages, de grues et de machines mues par des milliers d'hommes ; puis, plus loin, se découvre le port si ingénieusement creusé à l'aide de la nouvelle machine, et déjà couvert de bâtimens de toutes grandeurs, de tous pavillons.

Ceux qui ont joui du spectacle d'une ville ainsi vue comme la voient les oiseaux, se souviennent aussi du bruit confus qui s'élève de ces fourmilières d'hommes, et qui porte à l'oreille comme un vain et vague résultat de tant de mouvement. Ce mouvement, c'est en grande partie le travail, l'industrie ; c'est le matériel de la civilisation. Il y a encore d'autres bruits, ceux de la souffrance et de la joie ; mais la grande voix du travail les couvre, et c'est sans doute un bien.

Voilà ce qui s'offre aux sens et à la pensée des deux amies, tandis qu'elle prennent le thé dans le beau kiosque orné des plus délicates peintures de la nouvelle école grecque.

Cette grande femme au port majestueux, au noble visage, et dont les traits sont si beaux qu'il lui sied bien d'avoir près de trente ans, on a déjà compris que c'est la femme célèbre qui a été surnommée la *Didon moderne*, que c'est la petite fille de l'habile ingénieur qui gagna six milliards (1) avec sa machine à creuser les ports et le lit des rivières, qui ouvrit la route la plus directe de l'Europe à l'Inde par Antioche et l'Euphrate, qui réunit les deux océans jadis séparés par l'isthme de Panama ; enfin que c'est la fille du plus riche des actionnaires de la compagnie européenne d'Afrique.

(1) Vu la dépréciation progressive du numéraire par l'accroissement de la circulation, ces six milliards n'en représentent que trois et demi, valeur en France au commencement du dix-neuvième siècle.

Cette charmante vierge à la mine un peu asiatique, aux grands yeux noirs en amande, aux sourcils gracieusement arqués, à la longue et soyeuse chevelure qui tombe en tresses épaisses sur ses blanches et larges épaules, j'ai déjà dit qu'elle se nommait Mirzala. Mais qu'est-ce que Mirzala ? Au premier aspect on voit qu'elle ne peut être la sœur naturelle de Politée, tant elles diffèrent dans leur air et leur complexion. Pour le moment, le secret de sa naissance ne lui est qu'imparfaitement révélé.

Environ quinze ans avant l'époque à laquelle commence cette narration, lors de la fin de la dernière guerre contre l'esclavage et la polygamie, tous les journaux de l'univers, en rendant compte de la prise de Babylone, parlèrent d'une jolie petite fille, encore à la mamelle, trouvée dans le harem du dernier des sultans de cet empire. Le père de Politée, le riche Pontarque, l'un des trois puissans associés qui avaient concouru par leurs talens et leur crédit financier à l'achèvement de cette guerre longue et terrible, la prit, dit-on, sous sa protection, et bientôt l'adopta. Le plus grand mystère entourait le berceau de l'orpheline; et si Pontarque savait mieux que d'autres à quoi s'en tenir, il usa, par des motifs inconnus, de la plus grande discrétion, au point que cette charmante enfant ne sut pas bien si la nature ne lui avait pas donné le même père qu'à Politée.

Une femme qui vécut toujours sous le voile, selon l'antique usage d'Orient, s'attacha avec une tendresse toute maternelle à l'éducation de la petite Mirzala, dont le visage charmant ne rayonna jamais non plus aux yeux des hommes, hors un seul, celui qu'elle est sur le point d'épouser. On ajoute que cette femme, dont l'influence sur l'esprit de Pontarque était remarquable, et pour laquelle il montrait même du respect, se trouvant à l'article de la mort, lui fit promettre que sa pupille, sa fille d'adoption, continuerait à être élevée selon les mœurs et les idées asiatiques, et dans l'islamisme réformé, qui se rapproche singulièrement du christianisme, comme chacun sait.

Quand Mirzala perdit cette institutrice dévouée qui passait auprès de beaucoup de gens pour sa véritable mère, Pontarque la laissa auprès de sa fille Politée, qui étant beaucoup plus âgée et douée d'une raison précoce, était bien capable de tenir lieu de mère à la petite sœur qu'elle chérissait d'ailleurs tendrement.

La mort de Pontarque laissa les deux sœurs complètement orphelines bien peu de temps après. Mirzala était encore enfant, et Politée n'avait que quinze ans, presque libre si jeune, sous la surveillance peu gênante d'une vieille tante. Ce ne fut toutefois que cinq ou six ans plus tard qu'eut lieu son aventure avec le fameux guerrier Philomaque.

Ce mariage fit assez de bruit dans le temps; et l'abandon éclatant qui lui succéda peu de mois après, fournit à tous les journaux du globe matière à d'assez longs commentaires pour que de tels faits puissent être rangés parmi les faits historiques. On se souvient de tous les rapprochemens auxquels donna naissance cette triste similitude entre le destin de la nouvelle Didon et celui de sa poétique devancière. Les beaux esprits des deux hémisphères, blancs, noirs, marrons, cuivrés, s'escrimèrent en prose, en vers et dans toutes les langues, sur ce sujet. Mais la réputation de vertu dont jouit la fondatrice de Carthage moderne, ne reçut pas la moindre atteinte dans cette mêlée de poèmes, de drames et de romans, tant elle est solidement établie.

La situation de Politée ainsi connue, il n'est pas difficile d'expliquer l'air de mélancolie répandu sur son beau visage, la pâleur touchante de son teint, toutefois pur et diaphane, et la légère nuance bleuâtre vers les orbites, qui ajoute à l'expression de ses beaux yeux, comme la turquoise sert à rehausser l'éclat du diamant. Sa démarche est toujours majestueuse, ses attitudes toujours nobles, parce qu'elle est ainsi faite, parce que sa taille est à la fois haute et élégante, parce que son esprit est élevé, son ame fière, parce qu'elle joue le rôle d'une reine de l'antiquité, et qu'en réalité elle est bien une sorte de reine aussi. Mais de temps en temps, quand ses souvenirs ou ses réflexions l'assaillent, ses gestes sont comme nonchalans et abandonnés, elle semble déchue de son trône et redevenue une simple femme.

C'est précisément dans ces dispositions

qu'elle se trouve, maintenant qu'elle est penchée négligemment sur l'épaule de Mirzala, et qu'une larme paraît prête à s'échapper de ses yeux, attachés à la brillante mosaïque avec cette fixité de regard qui ne voit rien.

Mirzala, qui est assise sur le même divan, à la turque et les jambes croisées, relève une de ses larges tresses de jais, pour essuyer les yeux de son amie, et se pendant gracieusement au cou de celle-ci, elle lui prodigue ces baisers si purs de jeune fille, ces caresses si naïves, auxquelles nul chagrin ne peut résister, doux parfum de bonheur et d'espérance, sans aucun mélange de regret et d'inquiétude.

— Bonne sœur, murmure à mi-voix Mirzala, je n'ai pas osé vous parler de mon rêve de cette nuit, parce que je craignais d'amener ce sujet indiscrètement, et de vous donner quelque fausse joie.

— Oh ! pourquoi cela ? dit vivement Politée ; au contraire, vous savez combien vos rêves m'intéressent et m'amusent. Contez-moi donc celui-ci, ma chère Mirzala.

— Eh bien ! belle sœur, je l'ai vu ; *il* était dans les airs, et j'ai un pressentiment qu'*il* revient ici.

— Oh ! non, non, répond Politée en rougissant un peu ; je ne peux le croire dans ce moment, chère Mirzala, quoique je sache par expérience quelle est la lucidité de tes rêves, souvent aussi sûrs que les meilleures visions magnétiques. Mais pour cette fois, je doute fort...

— Je vous jure, Politée, que je l'ai vu très-distinctement et comme je vous vois, et avec cette netteté, cette force de vision qui distingue tout-à-fait de mes rêves ordinaires ceux qui m'avertissent des faits lointains et actuels.

— Il y a pourtant assez long-temps que

vous ne l'aviez vu, Mirzala ; êtes-vous bien
sûre d'avoir pu le reconnaître ?

— Oh! ma chère, comment oublier
cette mine si mâle, si fière, surtout lorsque
l'on a vu dans sa vie, comme moi, derrière
un voile et à la dérobée, tout au plus une
douzaine de figures d'homme ?

Politée prenant un air indifférent : —Oui,
j'avoue, dit-elle, que sa physionomie était
assez remarquable, quoique trop guerrière
pour notre siècle pacifique. C'eût été une
belle tête pour les tableaux de bataille des
vieux peintres de l'empire français. Mais
quel triste avantage ! Pour toi, Mirzala,
qui connais mon cœur, tu sais que cette
image en est dès long-temps effacée ; c'est
l'orgueil de femme outragée qui souffre en
moi, et me ferait presque désirer la vengeance si je n'étais chrétienne ; et depuis
huit ans je n'ai pu m'accoutumer à l'humi-
liation si publique de mon amour-propre.

Mirzala, aussi fine que bonne, n'insiste pas; et abondant même dans le sens de sa sœur, elle approuve fort l'entier oubli de l'infidèle, et s'attache à montrer combien il avait peu de qualités qui pussent le rendre digne d'un profond attachement; puis elle passe un peu malignement à un autre sujet de conversation.

— Vous disiez donc, reprend Politée, que vous l'avez vu bien réellement lui-même. Comment était-il?

— Mais, répond Mirzala en souriant, il était toujours beau, ses traits se dessinant avec délicatesse, quoique avec grandiose, son regard de feu, sa stature élevée...

— Oh! je sais tout cela, dit Politée avec une légère impatience cachée dans un ton plein de douceur; ce que je te demande, bonne Mirzala, c'est... c'est...

— Comment puis-je vous dire cela?

— Oh! tu m'impatientes avec tes mystères (et aussitôt donnant un petit baiser à la charmante Babylonienne, comme pour lui demander pardon de cette vivacité) : Dis-moi s'il t'a paru un peu changé.

— Mais... pas trop... non ; un peu, je crois.

— Ah ! dit Politée avec un léger soupir comprimé ; et puis elle se tait.

— Tu ne dis rien de plus, ajoute-t-elle après un court silence, il faut donc que j'obtienne le reste question par question. Quel était son costume ?

— Oh ! c'est là ce qui m'a frappée : il portait le turban, un grand et beau turban blanc, vraiment, avec une riche aigrette de diamans, qui étincelait sous le ciel comme un groupe d'étoiles. Puis il avait de longues, longues moustaches noires, qui donnent à sa bouche encore plus de sévérité ; et enfin j'ai vu à sa ceinture un yatagan arabe, dont la poignée était également couverte de ces énormes diamans, que les chimistes ne peuvent pas faire encore.

— Voilà, se dit Politée, en inclinant sa tête vers son sein, une vision de *lui*, plus claire et plus circonstanciée que je n'ai pu en obtenir depuis long-temps d'aucune pythonisse (1) magnétiquement endormie. Il y a là quelque chose d'étrange. Et se tournant vers Mirzala : Il faut, chère enfant, que ce rêve se rapporte directement à vous.

— Je serais tentée de le croire; car...

— Ah! vous n'avez donc pas tout dit?

— Eh! chère sœur, vous ne m'en laissez pas le temps. Eh bien! il m'a semblé que Philomaque me regardait très-fixement, avec sa tendresse de beau-frère, comme

---

(1) On a rendu aux somnambules, ou plutôt aux *somniloques* magnétiques du dix-huitième siècle, l'un des noms dont on les appelait dans l'antiquité.

autrefois, mais cependant avec un air d'autorité qui m'a intimidée, et dont je tressaille encore rien qu'à y songer.

— As-tu cru qu'il te parlait?

— Ses lèvres frémissaient, et j'ai cru qu'il allait ouvrir la bouche; mais son aérostat, qui était sans doute un oiseau de guerre du premier rang, monté par un fort équipage, fendait l'air à tire-d'ailes, et, secondé par le vent, il passait comme l'éclair. Ma respiration était comme oppressée par la rapidité de sa marche et la commotion de l'atmosphère : cela m'a réveillée en sursaut. J'ai depuis ce moment un triste pressentiment pour moi-même, et je ne vous ai rien dit, bonne sœur, encore pour cette raison; puis je suis sérieusement inquiète de ne pas *le* voir arriver, depuis trois jours que nous l'attendons : vous savez bien *qui?*

— Ah! oui, toi aussi, chère enfant, tu

as déjà tes soucis, tes craintes ; tu ne vas plus t'appartenir, et tu vas t'imaginer qu'un autre t'appartient. Tu vas te marier... Est-ce que tu as peur qu'il ne t'enlève ton fiancé ?

— Je ne sais ; mais j'ai tout à craindre : il y a tant d'antipathie entre eux ; ou, pour mieux dire, Philomaque déteste si fort mon pauvre Philirène, qui, je crois, ne peut haïr personne, lui !

— Et c'est pour cela que tu l'aimes tant, toi, douce colombe.

— Vraiment, je ne puis le dire. Je ne sais si j'aime comme vous dites avoir aimé vous-même, comme on aime dans les poëmes et dans les drames que j'ai lus. J'aime avec calme et sécurité, avec un bonheur suave, comme cette légère brise qui nous apporte les parfums de la campagne ; j'aime avec la certitude d'être aimée toute seule, parce qu'il me paraît impossible qu'il en aime d'autres que moi, d'autant mieux qu'il me l'a dit; il me l'a dit devant vous, chère sœur, et vous avez paru le croire. Est-il vrai pourtant qu'il vous ait aimée vous-même autrefois? j'ai entendu vaguement parler de cela; vous devenez pensive, est-ce que c'est vrai? Dites donc, dites donc vite.

— Tu sauras tout cela quand tu seras mariée.

— Non, tout de suite, je veux le savoir.

— Allons, est-ce que vous allez devenir jalouse, Mirzala? Dieu vous en préserve. Continuez à aimer tranquillement Philirène, et prenez garde de l'aimer trop. Je vous promets de vous conter un jour ce qu'il y a eu entre nous. Oh! c'est déjà bien vieux, et vous, avec vos quinze ans et votre charmant visage, vous n'avez rien à redouter des souvenirs.

Mirzala jette rapidement un regard sur

une glace, comme les femmes n'y manquent jamais dans toutes les circonstances où leur beauté est intéressée dans une question. Puis, suffisamment rassurée par cette inspection fugitive, elle dit :

— Pourquoi pas, chère Politée? Mais vous m'aimez trop pour être capable de chercher à lui plaire ; et puis, il me semble que ce n'est point un homme comme lui qui aurait pu jamais vous convenir.

— Qu'en sais-tu? pauvre enfant, toi qui n'as guère vu que lui dans le monde.

Il est dans notre nature de ne pas toujours accepter les désavantages de notre position. Une recluse, qui n'a vu le monde qu'à travers la grille de son parloir, a la prétention de connaître au moins parfaitement ce qu'elle en a vu, et même d'en avoir vu ce qu'il y a de mieux à voir. C'est ainsi que la naïve Mirzala, sentant presque son amour-propre blessé de ce qu'on lui rappelle qu'elle n'a vu qu'un seul homme, se trouve portée à faire cause commune entre le mérite de cet homme et son amour-propre, à les rendre tous deux solidaires. Elle veut qu'il soit le premier des hommes, pour qu'elle ne soit pas la plus inexpérimentée des femmes.

— Eh! oui, je le sais bien; il est le seul devant lequel j'aie paru sans voile; il est le seul que j'aie pu observer depuis que je ne suis plus un enfant. Aussi l'ai-je bien étudié; aussi le sais-je par cœur, mon Philirène. Comme il est bon, comme il est aimable, comme il est spirituel! Comme ses idées sont grandes et généreuses, et toujours dirigées vers le bonheur et la dignité morale de l'espèce humaine! Combien il y a d'élévation religieuse, de sentimens tendres au fond de son scepticisme que je ne partage pas, mais qui me conçoit si bien, moi, pieuse et presque dévote. Et puis, si l'on disait qu'il n'est pas beau à la façon de Philomaque, comme les beaux guerriers de ta galerie de tableaux, moi je dirais qu'il est beau comme ces têtes de savans, de penseurs, de poètes, d'artistes, que j'admire souvent dans nos collections. Je l'aime comme cela, mon Philirène... Mais je suis fâchée contre lui, car il commence à se faire trop attendre.

— *Brava, brava*, s'écrie Politée, en appliquant un baiser sur le cou rond et bien modelé de sa belle sœur; quel feu, quelle abondance de paroles! Je suis enchantée que tu l'aimes ainsi, car il le mérite bien; je suis heureuse de votre bonheur à tous deux.

— Oh! si je pouvais vous en céder une partie de ce bonheur, en échange de vos chagrins, que je le ferais avec grand plaisir!

— Je le crois bien; mais je n'aurais garde d'y consentir.

— Et pourtant, belle sœur, combien d'avantages avez-vous sur moi, combien d'élémens de bonheur que je n'ai pas ! Vous faites de grandes choses ; vous avez de la gloire ; vous qui, maîtresse à quinze ans de vous-même et d'une fortune immense, eûtes l'idée, si neuve pour une jeune fille, de fonder un empire et presque une civilisation ; vous êtes une femme supérieure ; vous êtes plus qu'une femme, car vous êtes allée aussi loin que les hommes dans leurs sciences, dans leurs arts utiles, dans leurs spéculations philosophiques ; vous êtes ce qu'on nomme une *femme à pensée ;* et moi, je ne serai jamais qu'une simple femme à sentimens.

— Toutes ces distinctions, ma chère, dont tu veux me faire une flatteuse application, ne sont jamais bien réelles. Pour moi, je ne me crois pas assez exclusivement ce qu'on appelle une femme pensante, pour être tout-à-fait exempte des passions de notre sexe. Je n'ai pas ce bonheur ou ce malheur-là; tu le sais bien, mauvaise. Et toi, qui es si profondément poète, si gracieusement artiste, est-ce que tu ne prétends pas penser un peu ?

Les deux jeunes femmes continuant cette causerie, tantôt triste, tantôt égayée, souvent mêlée de doux sourires et interrompue par de tendres caresses, une porte du salon vient à s'ouvrir.

II

—

UN ENFANT.

Il n'y a plus d'enfans.
　　　　　Vieux proverbe.

Je vous ai dit que c'est un *hoax.*
　　　　　Anonyme.

II

Un Enfant.

Un jeune et bel enfant, âgé de huit ans environ, entre vivement, et court se jeter dans les bras de Politée. Une grande femme qui paraît avoir plus de cinquante ans, mais dont le visage est bien conservé, entre après lui avec un air grave et plein de dignité.

A sa démarche un peu fière, à ses beaux traits, dont l'expression est presque hautaine, quoiqu'elle semble chercher à la rendre modeste, on l'eût prise bien plutôt pour une princesse que pour une gouvernante. Elle est en effet de sang royal, et descend d'une illustre maison régnante de l'Europe.

On s'est souvent demandé dans la bonne société du littoral d'Afrique comment il se fait que la restauratrice de Carthage, dans la haute position intellectuelle et industrielle qu'elle occupe, s'est avisée de placer auprès de son fils une femme dont les principes sont si notoirement opposés à l'ordre social de cette partie du monde : ce point mérite donc une explication.

Lorsque Philomaque épousa Politée, il présenta à sa femme cette respectable gouvernante qui l'avait élevé lui-même avec des soins qu'on ne trouve que chez une mère. Il la lui recommanda à ce titre, et comme sa plus ancienne, sa meilleure amie. Elle se faisait appeler madame Charlotte : on ignorait si elle avait été mariée.

Elle témoigna le plus vif désir d'élever les enfans de Philomaque, non comme institutrice, car à cela près de la musique, de la peinture, et de trois langues modernes qu'elle parlait, ses connaissances étaient assez bornées ; mais le profond attachement qu'elle avait conservé pour le père devait être garant de la tendresse qu'elle apporterait à l'éducation du fils. Il était clair que nul motif d'intérêt ne l'inspirait : on n'ignorait pas que sa fortune était assez considérable, et que si elle consentait à recevoir des appointemens pour ne pas trop choquer la vanité de Politée, elle les ferait passer directement à quelques familles malheureuses, sans même y toucher.

Ce qui avait décidé Politée à accepter ses

services, c'était donc, d'une part, la vive recommandation de son mari, et la certitude d'un dévouement sans bornes, d'une surveillance de tous les instans; mais d'autre part, c'était une considération qui ne surprendra pas ceux qui connaissent l'esprit élevé de la nouvelle Didon.

A l'ancienne vanité féodale a succédé la nouvelle vanité de nos grands du jour, de nos manufacturiers, de nos ingénieurs, de nos fondateurs de villes, de colonies, d'empires même, en Asie et en Afrique. Politée, qui voudrait que son fils fût parfait, a songé surtout à le soustraire à ces idées de gloriole qui séduisent si aisément la jeunesse, et relâchent souvent chez elle tout ressort moral, toute envie d'apprendre. Elle craindrait qu'il ne prît l'habitude de se prévaloir de la science et de l'industrie de ses parens, pour se contenter de la considération qui en rejaillit sur lui, et demeurer dans l'apathie.

Il ne faut pas, disait-elle, que mon fils s'énorgueillisse de l'origine que Dieu a bien voulu lui donner, pas plus qu'on ne doit s'énorgueillir de la richesse, de la beauté, des talens même et de l'intelligence, autres dons de Dieu, qu'il nous retire quand il lui plaît... Mon Jules ne manquerait pas de gouvernantes qui lui diraient à chaque instant : Quelle gloire pour vous d'avoir pour bisaïeul maternel le célèbre ingénieur qui, né simple ouvrier, et sans beaucoup d'instruction, a tant aidé par ses canaux le commerce maritime, qui a inventé l'instrument si simple et si puissant pour creuser les ports et déblayer le lit des rivières, et, par la forme de ses bâtimens, a changé de face la navigation des mers ! Quelle gloire d'avoir pour aïeul le richissime capitaliste qui entreprit la conquête commerciale de Timouctou et en commença la civilisation, et dont l'illustre fille fait tant parler d'elle dans l'univers !

Politée aimait bien mieux auprès de son fils une femme aussi peu disposée que madame Charlotte à le gâter sous ce rapport-là. Elle pouvait compter qu'il ne manquerait nullement des préservatifs contre l'orgueil dont on avait soin de gratifier les triomphateurs romains. Les hautes filiations industrielles, financières et même intellectuelles, loin d'obtenir de la royale gouvernante le moindre signe d'admiration ou même de déférence, n'étaient saluées que par des sourires dont le savoir-vivre seul pouvait dérober l'intention dédaigneuse. On n'avait point à craindre qu'elle ne se fît faute d'insinuer à son élève qu'il était petit-fils et arrière-petit-fils d'honnêtes et ingénieux artisans, qui n'auraient joué aucun rôle dans l'état social des monarchies européennes, et qui seulement auraient pu prétendre à un brevet d'invention accordé par l'autorité administrative, et à quelques paroles bienveillantes tombant gracieusement des bouches royales. Du reste, on était bien sûr qu'elle ne laisserait échapper nulle occasion de faire entendre qu'il n'y a de noble dans ce bas-monde que l'exercice du pouvoir civil et militaire uni dans les mêmes mains, comme aux temps féodaux ; ce qui exclut impitoyablement toutes les noblesses judiciaires, administratives ou autres qu'on a essayé d'introduire dans ces monarchies. Le jeune pupille fait souvent aux préjugés de sa respectable gouvernante des objections assez embarrassantes ; et Politée, qui en est instruite, s'amuse un peu de leurs discussions, mais sans jamais y intervenir; elle passe même pour les ignorer tout-à-fait.

On ne peut disconvenir que la conduite de cette excellente mère ne soit fort sage ; car une si grande illustration entoure sa famille, où deux générations d'hommes ont été décorés solennellement par le congrès universel du nom de *Pontarque*; la succession non interrompue de talens extraordinaires chez ces Wilson, car tel est leur ancien nom, est si capable d'exalter la vanité de leur unique rejeton, qu'il importait beaucoup de le prémunir contre ce défaut. Mais on risque aussi de tomber dans un autre inconvénient; car madame Charlotte, en parlant à son élève de son père Philomaque, laisse ordinairement entrevoir qu'elle sait mieux que personne la généalogie de ce fameux guerrier, et qu'il coule dans ses veines non-seulement un peu du sang des grands conquérans tartares, mais encore du sang royal européen. Politée n'ignore point non plus cette circonstance; elle sait même quelque chose de plus, et l'on n'a pas remarqué qu'elle en fût mécontente, tant il y a de bizarreries et de contradictions même dans l'esprit des femmes supérieures! Mais voilà une explication trop longue.

Eh bien! mon Jules, dit Politée, avez-vous bien travaillé? avez-vous répété avec votre précepteur? ferez-vous honneur à mon lycée de Carthage?

— Oui, maman, répond l'enfant avec une joyeuse vivacité : interrogez-moi.

Politée n'avait pas voulu qu'on donnât à son fils une instruction trop hâtive, afin de ne pas gêner son développement physique. On le laisse apprendre seulement ce qu'il veut, ce qu'il lui plaît; on s'en fie à sa curiosité, à ses heureuses dispositions, à l'émulation. Il n'a point encore abordé les sciences exactes; il ne sait des sciences naturelles que ce qu'il est amusant d'apprendre; il ne parle que les trois principales langues de l'Europe, parce qu'il en a eu l'habitude dès le berceau; il n'a point encore étudié la langue de convention, dite universelle et primitive, que l'académie polyglotte, siégeant dans le lieu où on prétend que fut élevée la tour de Babel, est parvenue à composer avec des racines de toutes les langues-mères. C'était une entreprise vraiment fort hardie, que de revenir sur l'œuvre de la séparation des langues et de la division des peuples, pour ramener le genre humain à une unité chimérique. Toutefois il n'est pas probable que cela réussisse. Les plaisans français ont dit que c'était une *macédoine de racines*, et ce calembourg a porté un coup fatal à l'œuvre des anti-babélistes, qui pourra toutefois être utile comme langue scientifique.

Notre ami Jules s'est attaché bien plus judicieusement à l'écriture logique et symbolique, dont les signes représentant, non des syllabes et des mots, mais des idées, peut se lire avec toutes les langues, et peut les écrire toutes par la même raison, sans qu'il soit nécessaire de traduire. Cette idée, qui fut, je crois, émise au dix-huitième siècle par Condorcet, a eu beaucoup de succès dans ces derniers temps.

Le jeune élève, interrogé par sa mère sur plusieurs points de religion et de morale assez délicats, lui en écrit la solution en signes logiques qu'il traduit ensuite avec un égal bonheur dans les trois langues.

Mais c'est principalement vers l'histoire que son goût s'est dirigé. On lui apprend les faits, et puis il s'exerce seul à en trouver l'enchaînement, à les systématiser. Ce merveilleux enfant fait de la synthèse historique presque de la même force que celle de quelques auteurs du commencement du xixe siècle, avec le mysticisme de moins. Ainsi c'est lui, par exemple, qui a trouvé tout seul que le cochon et la pomme de terre ont vaincu l'aristocratie anglaise, régénéré l'Espagne et sauvé la papauté. En effet, dit-il, c'est l'alliance imposante des catholiques irlandais avec les radicaux anglais qui a amené la ruine du clergé anglican et la suppression de l'hérédité dans l'ancienne chambre des lords ; ce sont d'immenses colonisations d'Irlandais en Espagne qui ont aidé le gouvernement représentatif à se soutenir dans ce pays contre la puissance du clergé régulier et séculier, et qui depuis ont doublé la richesse du sol et triplé l'industrie nationale ; ce sont les nombreuses recrues irlandaises avec lesquelles le pape Léon XVI s'est fait une armée, qui ont aidé puissamment les Romains à repousser l'invasion autrichienne, et à fonder le gouvernement fédéral italien, qui a rendu la Péninsule glorieuse et prospère. Or, le cochon et la pomme de terre sont la cause unique de l'excessif accroissement de la population d'Irlande, qui ne s'élevait, dit-on, qu'à dix millions d'ames vers 1850 ; donc, etc. C. Q. F. D.

Jules a fait dans l'histoire beaucoup d'autres découvertes curieuses. Il cherche depuis quelques jours à classer historiquement le genre humain, d'après ses habitudes alimentaires, en rattachant les plus hautes idées à cette sorte de division. Ainsi le riz lui représente la foi et le dogme, le froment, la raison et l'expérience, la pomme de terre les intérêts matériels. Il est vrai que les règles qu'il a cherché à poser d'après cela sont absorbées par les exceptions ; mais ce prodigieux petit bonhomme n'est point embarrassé par les difficultés, et avant peu il aura produit un système très-satisfaisant pour l'imagination.

Jules parcourt, en répondant à sa mère, les principales époques de l'histoire moderne : le fractionnement spontané de l'empire russe ; la fédération slave s'élevant sous les auspices de la Pologne, et faisant tomber l'empire ottoman en Europe, tandis que Constantinople est déclarée ville libre, et que le passage du Bosphore est assuré comme celui du Sund à tous les vaisseaux de l'univers, sous la garantie européenne. Les Turcs refoulés en Asie, devenant plus puissans, conquérant la Perse, et fondant à Bagdad le nouvel empire babylonien qui fut si florissant dans le dernier siècle ; la conquête de la Palestine, et le rétablissement du royaume des Juifs par une compagnie de banquiers israélites, sous la protection des sultans de l'Euphrate et des modernes Pharaons. Je ne le suivrai pas plus long-temps, parce que l'énumération de faits si connus peut n'être pas si interessante pour le lecteur, que leur récit dans la bouche enfantine d'un fils chéri, devait sonner délicieusement aux oreilles d'une tendre mère. Je m'arrête donc, en demandant mille pardons aux aimables abonnées des *librairies circulantes* et cabinets littéraires, pour l'ennui qu'a dû leur causer ce maussade chapitre. Je tâcherai de les en dédommager dans le suivant.

III

UNE SURPRISE.

Expertus vacuum Dædalus aëra, etc......
Nil mortalibus arduum est, etc.

Dédale a parcouru le vide des airs avec des ailes que la nature a refusées à l'homme......

Rien n'est impossible aux mortels ; dans leur folie ils escaladent jusqu'au ciel.

HORACE, *Odes.*

Quand je serai grand, j'écrirai un roman de l'avenir, et j'y ferai parcourir les airs par des machines en forme d'oiseaux ; il n'y a point de poésie dans l'avenir sans cela.

Album d'un écolier.

III

Une Surprise.

Aucune partie de la côte de Barbarie n'offre des points de vue plus pittoresques que celle où j'ai transporté le lecteur ; aussi ne suis-je pas étonné que dès le temps où les riches d'Europe ont mis à la mode d'avoir leurs maisons de campagne, de printemps, sur les rivages de l'Afrique, on en ait construit dans les environs de Carthage un si grand nombre, qui rivalisent avec celles d'Alger, d'Hippone, d'Oran et de Tripoli.

Quelque peu de talent descriptif que j'aie reçu de la nature, j'aurais assez envie de peindre la nuit étendant ses voiles, comme on dit toujours, sur la jeune cité de Carthage, dont les clochers et les minarets se détachent en ombres noires et pointues sur les derniers plans de l'horizon; et là je montrerais la Méditerranée retenant encore un reste de lumière, comme si le soleil ne pouvait se résoudre à la quitter. Mais le plus grand nombre des lecteurs aimera autant que je dise tout simplement qu'il fait nuit; et comme je suis d'ordinaire le très-humble serviteur des majorités, attendu que c'est souvent le seul moyen de se décider sur beaucoup de graves questions, je condescends volontiers à ce désir, en demandant pardon pour une plaisanterie aussi vieille que la métaphore elle-même.

L'aimable Jules, emmené par sa noble gouvernante, est allé se coucher, comme il convient à pareille heure pour tout enfant bien élevé, et les deux charmantes sœurs sont sorties du beau kiosque, et même du parc, pour mieux respirer l'air frais de la nuit. Livrées, chacune à ses pensées, elles ne se disent que çà et là quelques-uns de ces petits mots, qui sont des signes suffisans de sympathie et d'intelligence entre deux ames accoutumées l'une à l'autre.

Tandis que Politée élève sa vue vers le firmament, dont ses études astronomiques ont fait pour elle comme un livre intéressant à parcourir le soir, un point lumineux frappe ses regards. Des yeux moins exercés que les siens eussent vu là une planète, dont la lumière plus voisine et plus frappante que celle des étoiles fixes, est toutefois moins scintillante. Mais Politée en a bientôt jugé autrement. Peu de temps après un feu assez vif est allumé sur un des espaces incultes qui bordent la mer. La curiosité, et je ne sais quelle disposition aventureuse entraînent les deux jeunes femmes de ce côté. Elles aperçoivent à la lueur de la flamme un parti de Berebères ou de Bédouins qui débarque sur le rivage. Ces barbares équipés et armés suivant le vieil uniforme français, et conservant religieusement la tactique militaire qui s'est perdue chez les nations civilisées, sont les alliés de Carthage, et ne peuvent inspirer de défiance à Politée, dont le nom a beaucoup d'empire sur eux, et qui se repose avec raison sur leur fidélité au serment. Toutefois cette démonstration a lieu de l'étonner; elle voudrait en savoir le motif.

Une jeune fille accourt tout éplorée devant les deux sœurs; à la quasi-lueur de cette belle nuit étoilée, et à cette démarche de déesse, qui remettait en action un vers de Virgile sur la même plage, elle a bientôt reconnu la fondatrice. Elle se jette à ses genoux, verse des larmes, et d'une voix entrecoupée de sanglots la supplie de l'accompagner vers le rivage, pour employer sa puissante intervention dans une circonstance pressante, où il y va de l'honneur et de la vie. Politée prend vivement le bras de Mirzala, qui abaisse son voile, et elles s'acheminent à pas assez précipités du côté où les entraîne l'inconnue, qui leur raconte d'un ton naïf une histoire fort touchante.

C'était une imprudence; mais on ne peut la reprocher bien sévèrement puisqu'elle était déterminée par un motif généreux.

Pendant ce temps la lumière, qui avait joué presque le rôle d'une planète, s'était grossie, c'est-à-dire, rapprochée, sans que Politée y fît attention; car la nouvelle scène qui l'attirait l'occupait uniquement, et d'ailleurs la présence d'un aérostat dans ces parages de l'atmosphère, n'avait rien qui pût surprendre.

Cependant les cors et trompettes d'harmonie des Berebères sonnaient une jolie fanfare où les deux sœurs reconnaissent leur air favori des montagnes de l'Atlas. Au même instant il se détache de la lumière voyageuse une lumière plus petite, qui tombe vers la terre, comme ces rapides météores qui figuraient la chute des étoiles aux âges d'ignorance.

Ni Politée ni son amie, attentives à la musique militaire, et aux récits prolongés sans doute à dessein de leur guide, n'avaient songé à ce qui pouvait se passer dans l'air; elles ne se sont point aperçues de cette dernière circonstance. Aussi ne peuvent-elles se défendre d'un mouvement d'effroi, lorsque la sombre envergure d'un *corbeau*, ou chaloupe d'un aérostat de guerre, vient tomber non loin d'elles en parachute, et se ficher en terre sur ses trois longs supports armés de pointes de fer.

Mirzala pousse un petit cri de joie. Sa première idée est que son cher Philirène arrive enfin; car on a vu qu'il est attendu depuis quelques jours avec une impatience, qui devient presque de l'anxiété. Ce serait une si gracieuse surprise, que de le voir ainsi *désaérer* par une belle nuit, et poser pied à terre devant sa bien aimée, comme un ange descendu du ciel! Mais elle est bientôt revenue de son erreur en reconnaissant, aux ailes étendues de l'aérostat détaché, la couleur sombre du messager des oiseaux de guerre, au lieu du tissu couleur de *colombe*, qui sert aux descentes des pacifiques navires aériens de Philirène.

A peine les deux belles sœurs avaient-elles eu le temps de faire cette remarque, une demi-douzaine d'échelles de soie sont mises hors le corbeau, avec un lest qui les arrête chacune sur le sol, et dix ou douze sveltes et agiles personnes, qu'à leur tournure et à leur son de voix, on ne peut guère prendre pour des hommes, en descendent avec une merveilleuse légèreté. On distingue aisément leur tunique de mousseline d'une blancheur éblouissante, et qui se termine en patalon attaché sous les malléoles à la façon des Indiens. Un vaste turban de gaze bleu céleste, une large ceinture de tissu d'émail de même couleur à franches d'argent, serrant bien les tailles les plus fines, des colliers de turquoises et des petites babouches de satin bleu, ornées de saphirs, complètent un costume aussi élégant que simple, auquel Mirzala et Politée ne songent pas beaucoup à accorder l'attention qu'il mérite, parce qu'elles ont à s'occuper de toute autre chose dans ce moment.

L'équipage féminin du corbeau s'était approché de Mirzala, en croisant les mains sur la poitrine, selon la mode asiatique, et s'était agenouillé devant elle, qui ne sait trop ce qu'elle doit penser de tout cela : elle inclinerait vers sa première supposition, s'il était possible d'expliquer un si singulier message de la part de Philirène.

L'une des femmes, qui paraît commander aux autres, lui prend les mains avec de grandes marques de respect, et cherche à l'entraîner vers une échelle de corde. Mirzala résiste et Politée vient à son aide. Mais le chef des aériennes, s'approchant de son oreille, lui dit tout bas quelques mots qui lui font pousser un grand cri. En même temps elle s'est évanouie et les aériennes, qui l'ont retenue dans leurs bras, la dégagent de ceux de Politée, s'emparent d'elle malgré les efforts, les supplications et les pleurs de celle-ci, et grimpent lestement les échelles de soie avec leur fardeau. Mirzala est déposée mollement dans le corbeau, sur un lit de feuilles de roses fraîches, cueillies en Sicile, et tous les soins lui sont prodigués, tandis que les ailes noires se replient, s'ébattent, et donnent l'essor à la machine, qui, attirée par une longue corde vers le grand aérostat, ne tarde pas à le rejoindre.

On conçoit aisément dans quel profond chagrin Politée regagne toute seule sa résidence de *la villa d'Annibale*, tandis que la fille inconnue s'enfuit à toutes jambes vers la mer.

Il est clair maintenant qu'elle a été dupe d'une supercherie, et sa sœur victime d'une trahison. Elle déplore, quand il n'en est plus temps, la négligence de l'observatoire astronomique et de sécurité de Carthage qui aurait dû signaler un aérostat de guerre planant en croisière à la hauteur de cette ville. Elle prépare aussi une verte semonce au chef de la surveillance de police, qui aurait dû prendre garde aux intelligences que cet aérostat pouvait avoir à terre, et aux signaux par lesquels on communiquait avec lui. Enfin elle se reproche de n'avoir pas consulté ses Pythonisses depuis plusieurs jours, pour savoir s'il se tramait quelques projets contre elle ou les siens.

Cela prouve que de tout temps, sous la civilisation la plus avancée comme aux âges de barbarie, malgré les nombreuses précautions du pouvoir social, les méchans qui veillent toujours pour saisir le moment d'accomplir le mal, ont réussi à prendre les bons en défaut.

Quant à la compagnie de voltigeurs berebères, il ne faut pas compter les atteindre facilement, car ils se sont rembarqués avec armes et bagages pour retourner dans un de leurs ports qui sont bien fortifiés, comme on sait, et qu'on ne se décide pas à attaquer sans une nécessité absolue. On doit songer encore moins à donner la chasse à un aigle de guerre dont le vol est d'une effrayante rapidité et qui a de l'avance, lorsqu'on ne possède à Carthage que des aérostats de commerce, de voyage et de promenade.

IV

—

UNE MODERNE PYTHONISSE.

La grotte de la déesse, etc.
Télémaque.

Ingenii commenta delet dies; naturæ judicia confirmat.

Les systèmes tombent chaque jour, et la nature finit par avoir raison.
Cicéron.

IV

—

Une moderne Pythonisse.

Politès a dû passer une nuit bien triste et bien agitée. Le lendemain, à peine l'aurore commence à poindre, qu'elle prend à la hâte un des simples vêtemens dont elle se sert pour parcourir sa ville *incognito ;*

elle fait lever son fils pour une promenade matinale, dont on se procure souvent le plaisir dans ce brûlant climat, et ordonne qu'on mette les jeunes lions à un char découvert, modeste et sans dorure.

On connaît la douceur et la docilité de ces attelages, quand ils sont bien apprivoisés : ils n'offrent pas le moindre danger et n'ont guère d'autre inconvénient que d'être infiniment plus chers que les plus beaux chevaux arabes, ce qui les met peu à la porté des fortunes ordinaires.

Le fascinateur éthiopien qui a dompté les quatre lionceaux de la fondatrice, et peut seul les conduire avec toute sûreté, les amène tranquillement de l'écurie, leur pince le museau en se jouant; puis quand ils donnent des marques d'une trop vive excitation, il leur fait entendre sa grosse voix, et lance dans leurs yeux un terrible regard qui les fait trembler, et les range sous les rênes aussi aisément que le coup de fouet d'un cocher rangeait deux chevaux normands devant la voiture d'un bourgeois de Paris.

Politée monte dans le char avec son fils qu'elle enveloppe de sa pelisse de duvet d'autruche à cause de la fraîcheur du matin; le noir conducteur pousse un léger sifflement, et les lions impatiens de dévorer l'espace s'élancent au galop.

Pendant ce temps, madame Charlotte qui avait amené le petit Jules à sa mère, le regarde partir non sans inquiétude du haut du perron de vert antique, et pousse un soupir de dépit, pensant avec quelque humeur que la petite fille d'un ingénieur-mécanicien, et la fille d'un négociant, se fait traîner dans un équipage, tel que ses augustes aïeux à elle-même n'auraient pu en avoir de semblable; équipage même supérieur à celui de la déesse Cérès qui, dans la mythologie n'a, je crois, que deux lions à sa voiture.

Après un quart d'heure de course, le char s'arrête non loin du rivage de la mer, devant une grotte creusée dans le rocher et tournée vers le nord. Je devrais décrire un peu cette grotte parce que, après tout, elle ne ressemble guère à tant d'autres que nous trouvons dans les poëmes épiques de l'antiquité et des temps modernes.

Les plantes qui l'entourent offrent une végétation singulière. Ce sont des plantes amphibies, demi-marines, demi-terrestres et pour ainsi dire transitoires, de ces zoophytes qui vivotent sur les confins du règne végétal et du règne animal, plantes-bêtes qui, lorsque vous les touchez, se contractent, agitent leurs étranges feuilles grassouillettes, ou leurs tiges quasi-charnues, comme des bras, des mains et des gueules qui vont vous saisir, vous pincer, vous enlacer et vous mordre sans savoir pourquoi, avec la méchanceté d'un dindon et la stupidité d'un chou. Mais il faut laisser ces choses à décrire aux naturalistes. La botanique, la conchyologie, l'ornithologie, la minéralogie, et même l'entomologie, auraient énormément d'autres choses à dire sur les environs de cette pittoresque et romantique demeure. Une grande diversité de lianes en fleur, de plantes aromatiques et d'arbustes épineux dont j'ignore absolument les noms, pendant des rochers ou s'échappant de leurs fissures verdâtres; les plus jolis coquillages et les plus rares cailloux dont on puisse enrichir la boutique d'un marchand de curiosités; enfin une foule d'oiseaux, d'insectes de toute forme, de toute couleur, voltigeant, bourdonnant, piquant : ces derniers plus propres à intéresser les savans qu'agréables aux habitans de ce séjour.

De quoi m'avisé-je d'entreprendre une

pareille description sans consulter les dictionnaires pour y insérer force noms peu connus? Mais j'ai trop de bonne foi et j'avoue candidement mon insuffisance. Je me borne à indiquer les palmiers et les tamarins qui couronnent les hauteurs du rocher, puis les arbres importés des Indes-Orientales et du continent américain, tels que le bambou, le cocotier, le cacaotier, l'arbre à pain, etc., qui bordent le petit jardin placé à sa base.

Maintenant suivons Politée dans la grotte où elle est déjà depuis cinq minutes. L'ordre et la propreté s'y font remarquer. Des nattes de roseau artistement tressées, étendues sur le marbre; un divan recouvert simplement d'une étoffe de peluche de soie imitant parfaitement la mousse qui s'attache au tronc des vieux arbres; de modestes rideaux d'un fin tissu d'écorce où est représenté, jusqu'à l'illusion, le feuillage touffu d'un berceau d'arbustes; des glaces taillées à facettes prismatiques entre des piliers de brèche fruste, autour desquels grimpent des lierres figurés en bronze; le plafond incrusté d'émaux imitant çà et là des stalactites pendantes et divers animaux et plantes sauvages; voilà toute la décoration. Pour les meubles, le seul qui ait quelque prix est une sorte de tronçon de cristal de roche, si artistement joint qu'on le dirait massif; quelques livres reliés en peau de zèbre, et un chasse-mouche de plumes d'oiseau de paradis sont placés dessus. Après cela, un orgue expressif en bois de cèdre, et une harpe de citronier. J'oubliais deux beaux tableaux représentant des vues de l'Indostan.

Au moment où la fondatrice, accompagnée de son fils, entrait dans cette habitation modeste, mais commode, et surtout inaccessible à la chaleur du jour, une femme interrogeant les cordes de la harpe avec des doigts distraits et presque insoucians, qui les effleuraient et les faisaient vibrer à peine, murmurait à mi-voix un triste chant nocturne dont les paroles équivalaient à ceci :

« Parcourez la terre, sillonnez l'océan,
« traversez rapidement les airs; voyez tout,
« jouissez de tout, rassasiez-vous de tout;
« c'est votre rôle à vous. Le nôtre est de
« rester attachées au rocher, près du ri-
« vage, attendant, souvent en vain, que
« vous daigniez revenir près de nous,
« payer d'un sourire nos soupirs d'une an-
« née, essuyer par un baiser nos yeux hu-
« mides et battus, recueillir dans un ins-
« tant tous les trésors de notre amour, ces
« trésors que vous joignez à tant d'autres
« amassés pour vous de toutes parts. »

La personne qui chantait cette romance,

où beaucoup de femmes trouveraient par trop d'humilité et de tendre résignation, est une femme dont le chagrin semble avoir creusé les joues et rendu la taille plus que svelte. La blanche robe de lin qui forme toute sa parure, fait ressortir encore la teinte un peu foncée de sa peau à laquelle on reconnaît aisément une des filles du Gange. Ses yeux noirs enfoncés dans leurs orbites, semblent éteints, et leur immobilité vitreuse serait presque effrayante, si parfois quelque rapide pensée, traversant le cerveau, ne les ranimait comme un souffle fait briller une étincelle sous la cendre. Ses longs cheveux noirs séparés mollement en bandeau sur son front et ses joues, se relevent en nattes derrière sa tête; ses attitudes sont gracieuses, son air distingué, sa voix délicieusement douce quoique un peu vibrante. Somme toute, cette femme qui a dû être ravissante autrefois, est encore fort bien.

On dit que c'est la veuve d'un pointeur-mécanicien d'une batterie à vapeur de l'armée Tatare-Mongole, mort au service de Philomaque dans la fameuse campagne où ce grand capitaine conquit une partie de l'Indostan. Elle se présenta à la fondatrice de Carthage peu de temps après son abandon par l'infidèle. Quoique tout souvenir qui se rattachait à Philomaque blessât l'orgueil féminin de Politée, elle accueillit cette veuve avec bonté et lui fit don de l'habitation qu'elle occupe, en recommandant que rien d'utile ne lui manquât. Poonah avait une fille un peu plus âgée que Jules ; ce fut presque un lien ou du moins un prétexte de se voir pour les deux jeunes femmes, je dirais presque les deux veuves, car Politée avait tous les inconvéniens de cette position sans en avoir les avantages.

Politée ne tarda pas à prendre Poonah en véritable affection et un autre motif l'attira souvent vers la grotte où ses visites étaient assez mystérieuses.

Après les doux complimens et quelques tendres reproches de s'être un peu négligées depuis un mois, sur un signe de Politée, la servante maure qui soigne Poonah emmène les enfans dans le jardin, et les deux amies assises sur le divan restent seules à causer de choses indifférentes.

Politée qui tient les mains de Poonah serrées dans les siennes, pendant un intervalle de silence, lui adresse des regards dont la douceur déguise un peu la fixité singulière et presque impérative.

Poonah sans avoir à peine conscience de cette action exercée sur elle, abaisse aussitôt ses paupières, pousse un léger soupir, pose un bras derrière sa tête qui s'appuie sur un coussin et s'endort immédiatement.

Politée, recueillie en elle-même, paraît

continuer son action fascinatrice, et des jolis doigts de sa main blanche et potelée verse force pavots sur le front et sur le sein de son amie, si je puis emprunter à la mythologie grecque une image dont la signification est purement magnétique.

Poonah est, comme il est facile de le voir, une excellente *Onirophante*, ou somniloque.

Après quelques instans où elle a dormi profondément d'un sommeil plus calmant et plus fortifiant encore que le sommeil naturel, elle se soulève en passant au sommeil plus léger et si semblable à quelques égards à l'état de veille, qui doit lui apporter avec l'usage d'un nouveau sens des perceptions que nous ne pouvons concevoir. Elle frotte un peu ses paupières toujours complètement abaissées, pose une main sur son front, et une autre sur sa poitrine, qui bientôt se soulève péniblement sous une pesante oppression.

— Ah! dit-elle, pourquoi n'êtes-vous pas venue me voir depuis près d'un mois? A présent il n'est plus temps.

— Vous savez donc où ils vont, chère Poonah?

— Je crois que oui. Pour lui, je le vois parfaitement et comme à l'ordinaire, car vous savez bien que c'est lui que je vois tout d'abord quand vous m'endormez, tant vous et moi nous songeons à lui, tant j'ai sur moi de choses qui l'ont touché ou qui ont fait partie de lui, comme ses cheveux par exemple.

— Et Mirzala, la voyez-vous aussi?

— Oui, mais moins distinctement; elle pleure et sanglotte; elle ne veut pas voir son ravisseur contre lequel elle est fort irritée.

— Mais, dites-moi, où vont-ils?

— Je crois qu'ils cinglent vers les Indes, ou du moins Philomaque se dirige vers l'équateur pour chercher des courans alisés qui l'entraîneront sur l'Orient. Cependant je n'affirme pas.

— Vous doutiez-vous de son projet et savez-vous quel est son motif et son but?

— Oh! mon Dieu, comment pourrais-je le savoir? la dernière fois que vous m'avez fait dormir, je n'ai rien vu, non rien; soit que ma vision fût obscurcie, soit qu'il n'eût encore aucune idée semblable. Quant à son but, c'est peut-être de soustraire votre sœur à Philirène qu'il déteste, et auquel il rougirait d'être allié.

— Je le crois comme vous. Quelle ame passionnée! Quel esprit étroit! dit Politée avec plus de chagrin que d'indignation.

— Ah! dit vivement Poonah, n'en parlez pas ainsi, dans ce moment cela me fait trop de mal. Je ne sais si c'est ma faute ; je crois plutôt que cela vient de vous ; mais dans cet état, je suis plus faible et plus irritable sur ce point que réveillée....

Puis, après une pause, elle porte son mouchoir à son front, d'où ruissèlent de grosses gouttes.

— La tête me fait mal ; les nerfs aussi. Calmez-moi, je voudrais ne plus diriger ma vue de ce côté : cela me fatigue et m'épuise. J'espère mieux voir une autre fois.

Politée la calme en promenant sa main sur elle à distance.

Oh ! que vous me faites de bien ! comme je sens que vous m'aimez ! Il me semble que votre amitié se rend palpable et me touche comme une caresse. Je sens aussi que nous avons toutes deux le même chagrin, la même pensée ; cela me console. Je voudrais savoir cela réveillée; je le voudrais maintenant, moi qui le craignais autrefois. Mais comment faire? Comment serais-je censée vous avoir appris mon secret, qui je suis! Oh! non, quand je suis réveillée, l'idée seule que vous viendriez à découvrir qu'il m'a aimée, que je... l'ai aimé aussi, que ma Noémi est sœur de votre Jules; cette idée me fait peur, parce que je crains trop le chagrin que cela vous ferait! Et puis, savez-vous bien que dans l'état de veille, je suis loin de vous voir de la même manière que lorsque je suis comme cela? En vérité, je vous crains; vous m'imposez par votre situation et la supériorité de votre esprit. Tâchez de m'inspirer moins d'éloignement pour votre intimité.

— Eh bien! je vais diriger ma volonté dans ce sens; je voudrai fortement que vous me fassiez cette confidence sans crainte, sans honte; je l'amènerai doucement...

— Non, non, interrompt vivement Poonah; de grâce, attendez, il n'est pas encore temps. Surtout que je ne sache jamais comment vous avez appris tout cela. Il faut ménager ma pauvre raison ; elle tient à si peu de chose. Il me semble que mon cerveau est dans vos mains, et qu'il ne tient qu'à vous de le jeter à terre, là comme une chose inutile. Oh ! bonne Politée, je suis bien tranquille; je sais que vous avez soin de moi comme de vous-même. Laissez-moi donc être encore pour vous, dans l'état normal, la prétendue veuve du pointeur-mécanicien, jusqu'à ce qu'il soit temps que je paraisse à vos yeux la fille du rajah de Népaul, la princesse anglo-indienne.

— Oui, oui, ne craignez rien, je vous le promets.

— Réveillez-moi maintenant, parce qu'il ne faut pas que je dorme plus long-temps; sans cela je m'apercevrais...

Politée écarte soigneusement tout ce qui pourrait offrir des traces de ce sommeil si agité; elle reprend exactement près de son amie la position qu'elles avaient auparavant, et Poonah, se frottant les yeux, les ouvre d'un air demi-étonné.

— Voilà, je crois, que j'ai encore dormi, dit-elle.

— Et comment vous trouvez-vous, Poonah? Votre migraine et vos nerfs?

— Mes nerfs sont détendus et calmés, comme il arrive toujours quand vous m'avez endormie; mais ma tête est un peu faible.

— Chère Poonah! dit Politée en lui posant un moment la main sur le front.

— Ah! oui, cela me fortifie bien la tête. Merci, merci! Où sont les enfans?

Et alors la conversation reprend son allure précédente.

Une scène de magnétisme si ordinaire n'a besoin d'explication pour personne. Chacun sait que tous les somniloques sans exception ne conservent aucun souvenir de ce qu'ils ont vu et éprouvé pendant leur sommeil; que beaucoup d'entre eux ont la plus grande répugnance à en entendre parler lorsqu'ils sont réveillés, et même que plusieurs auxquels on ne le dirait pas sans de graves inconvéniens, ne peuvent jamais se persuader qu'ils ont dormi. Quant à cette répugnance assez générale à entrer dans cet état extraordinaire ou à se soumettre à quelque influence, les poètes épiques et d'autres écrivains de l'antiquité l'ont parfaitement représentée dans les scènes où ils nous ont montré des pythies et d'autres inspirées.

On devine aisément que Poonah s'était

plainte quelque jour de ses nerfs ou de sa tête devant Politée, et que celle-ci l'avait calmée et endormie. Puis, lui ayant communiqué une confiance entière, dans cet état où l'âme du fascinateur se montre à découvert devant celle de l'inspiré, elle a reçu d'elle toutes les confidences qu'elle ne ferait jamais en dehors du sommeil extatique. Du reste, Politée ne lui en a rien laissé voir dans l'état de veille, et elles ont continué d'être ensemble comme à l'ordinaire.

Cependant les lionceaux, qui apparemment n'ont pas fait un suffisant déjeuner, commencent à filer des sons un peu moins rassurans que le hennissement d'un cheval qui sent l'écurie : c'est le seul inconvénient de ce genre d'équipage. Cet avertissement rappelle à Politée qu'il est temps de regagner *Annibal's House*. Elle remonte dans le char avec son fils, adresse un nouvel adieu à Poonah, qui la voit partir avec regret; un jeune Maure ferme la portière et s'élance sur le siége avec l'agilité d'un singe, et les lions reprennent le galop en caracolant avec beaucoup de grâce.

V

—

LES VOYAGES

ET

LES ASSEMBLÉES.

Paulò majora.
>> **Virgile.**

De plus fort en plus fort.
>> **Nicollet,**
fameux auteur dramatique du 19ᵉ siècle.

V

Les Voyages et les Assemblées.

Le mouvement est la condition de la vie. Puisqu'il en est ainsi, jamais on n'a tant vécu que de notre temps. La question est maintenant de savoir si ce n'est pas trop vivre. Ne vivait-on pas mieux alors qu'on vivait moins ?

Les perfectionnemens merveilleux qui, depuis deux siècles, ont donné à la faculté locomotive de l'homme la plus haute extension qu'elle puisse atteindre, selon toute apparence, ont produit de singuliers effets sur la constitution physique et sur l'état moral du genre humain.

D'une part, le croisement des races, le mélange des nations, se sont effectués de plus en plus profondément; les types originaires des différentes variétés de l'espèce se sont de plus en plus effacés; les langues se sont rapprochées, et quelques-unes ont à peu près disparu; les passions, les croyances, les individualités des peuples, ne se trouvent plus guère que dans l'histoire, et le mot de *nationalité* commence à n'avoir plus qu'une vague signification.

D'autre part, la mobilité, l'inquiétude, européennes, se sont donné ample carrière pour exploiter et peut-être un peu pour tourmenter ce pauvre globe. La vie sédentaire, intérieure et tranquille; les affections de la famille, l'amour du foyer domestique, de ce que l'ancienne Angleterre appelait le *home;* l'habitude douce et triste à la fois de voir les mêmes arbres, les mêmes rochers, le même clocher, disons plus, les mêmes tombeaux, les tombeaux de nos pères, de nos proches, de nos amis: tout cela semblait près de se perdre, si les sentimens qui tiennent intimement à la nature de l'homme n'étaient pas indestructibles.

Heureusement aussi l'une des lois de l'univers, qui s'applique à la vie sociale des hommes comme au mouvement des corps; la loi qui ne permet aucune action sans réaction, a produit son effet dans ce cas. Un point d'arrêt s'est trouvé; et non-seulement la fureur locomotive s'est calmée, mais encore le repos, l'esprit de fixité, ont repris grande faveur dans la portion la plus distinguée de la société. Les voyages des oisifs d'Europe en Afrique ou en Asie ne se font guère aujourd'hui qu'une fois dans l'année; et nous ne sommes déjà plus au temps où un jeune homme osait à peine se montrer dans un salon et trouvait difficilement à se marier avant d'avoir fait son tour du monde.

Au surplus, la classification qu'on fit, il y a environ cinquante ans, des différentes manières de voyager, subsiste toujours. Le commerce voyage encore sur les mers, les canaux, les rivières, les chemins de fer; les riches se promènent dans les airs, et les pauvres vont en voiture.

Philirène voyageait donc tandis que sa fiancée l'attendait. Mais il n'est plus à l'âge où l'on court le globe sans autre but que de s'instruire ou de s'amuser. Une haute et importante fonction exigeait sa présence à Centropolis, sur l'isthme de Guatemala. En effet, c'était dans cette ville de la république de Benthamia que se rassemblait, cette année, le congrès universel. Il pouvait d'autant moins se dispenser d'accomplir son utile mission et son noble devoir, qu'il est revêtu de l'honneur, immense à son âge, de présider cette auguste réunion des plus grandes illustrations intellectuelles, industrielles et politiques du globe. C'était même lui qui, en cette qualité, devait ouvrir la session par un discours.

Ceux qui ont assisté dans quelqu'une des capitales de la terre à un congrès universel n'ont pas besoin qu'on leur dépeigne quel mouvement, quelle vie ces solennités apportent avec elles; et certes on ne pouvait, sans injustice et sans exciter de vives jalousies, se dispenser d'appeler successivement toutes les métropoles à un honneur accompagné de la circulation de plusieurs centaines de millions (1).

Une prodigieuse quantité d'aérostats de toutes grandeurs, de toutes formes, cigognes, pigeons, hirondelles, suivant la position et la fortune des voyageurs, sont venus de tous les pays habités de notre planète s'abattre sur la vaste plaine qui sert de *pied à terre* à Centropolis. Plusieurs députés, notamment ceux de l'Australie, sont venus par mer. Une partie de ceux du continent américain sont arrivés par terre.

Quoi que j'en aie pu dire tout à l'heure, quelle variété dans les visages, leur couleur, leur forme, et dans les costumes, sinon chez les personnes de la classe supérieure, du

---

(1) Il n'est pas nécessaire de faire d'autres observations sur le taux des valeurs d'échange. Il n'est plus question non plus de traduire les sommes en dollars et en livres sterling, depuis que le système monétaire français a été adopté par le congrès universel.

moins chez les nombreux individus qui composent leurs suites ! Que de langues diverses on entend dans les rues, langues sifflantes, langues gutturales ; les unes empêtrées dans les consonnes, les autres empâtées par les voyelles et comme désossées ! Mais dans les salons, c'est le français qui domine ; le français, autrefois la langue diplomatique de l'Europe, aujourd'hui la langue intellectuelle et industrielle de l'univers.

C'est aussi vers les salons que la curiosité se porte pour voir et entendre les personnages célèbres de l'époque : des physiciens, des chimistes, des ingénieurs, des naturalistes, des mécaniciens, des philosophes de l'Europe, de l'Amérique, des théosophes orientaux, des poètes, des moralistes indiens ou africains, des agriculteurs et des commerçans chinois. Et puis des rois plus ou moins limités dans leur pouvoir, des chefs de républiques et des pontifes de diverses religions, qui ont été envoyés tout bonnement comme députés au congrès universel, par les états qu'ils gouvernent ou sur lesquels ils exercent leur influence spirituelle. Ils tiennent, pour la plupart, à grand honneur d'y venir en personne, quoiqu'ils aient la faculté de s'y faire représenter, attendu que leur mandat n'est pas exclusivement attaché à la capacité, mais un peu à la position.

Enfin les femmes ne sont pas la portion la moins curieuse à étudier de cette assemblée délibérante, où elles ont joué plus d'une fois un rôle glorieux. Franchement, on fut trop long-temps injuste à l'égard de cette belle moitié du genre humain, en lui laissant subir une exclusion des affaires qui faisait peu d'honneur à la présomption et à la domination masculines. Lorsqu'on imagina d'admettre les femmes dans les conseils, on usa encore à leur égard d'une précaution peu méritée, en ne leur donnant que le droit de voter sans voix consultative. Depuis qu'on leur a accordé la parole, il faut convenir, n'en déplaise aux vulgaires et mauvais plaisans, qu'elles n'en ont point abusé, et que les discussions n'ont point été alongées par des orateurs plus bavards que ceux qui ont, de tout temps, pris à tâche de tempérer par l'ennui ce qu'il peut y avoir d'irritant dans les luttes délibératives.

Somme toute, à examiner ce que Centropolis réunissait de science, de vertu et de talent, on est fondé à penser que les sectes philosophiques, politiques ou religieuses, qui ont proscrit le mode électif comme un mauvais instrument pour mettre les capacités en lumière, se trompaient, malgré de nombreux exemples à l'appui de leur système. Il est plus que douteux que la voie hiérarchique, l'élection de haut en bas, pût produire des résultats aussi satisfaisans. Sans doute il y a dans le monde des capacités supérieures à celles de cette assemblée ; mais cela est dans l'ordre. Tout corps qui doit diriger et modérer le mouvement social ne doit pas représenter les plus hautes intelligences de la société, mais seulement le degré moyen d'intelligence où la société est parvenue.

Je demande pardon pour ce petit aphorisme de science politique et sociale qui vient se dresser de toute sa hauteur au milieu d'un modeste récit, avec une assurance un peu pédantesque. Je reprends.

Il avait d'abord été question de tenir l'assemblée dans les airs, comme on le fit, il y a plusieurs années, à Calcutta, en juxtaposant sous une immense tente de taffetas blanc une cinquantaine d'aérostats bien assujétis les uns aux autres. Ce genre de *local*, si l'on veut me passer une expression vulgaire, offre un grand avantage sous la zône torride : c'est qu'en s'élevant très-haut dans l'atmosphère, on y trouve une température bien plus supportable; l'air plus raréfié, plus pur et dégagé de vapeurs, nous éclaircit les idées, nous allège presque l'esprit, et nous dispose au détachement des choses terrestres. Aussi les associations spéciales de spiritualistes, qui fleurissent principalement en Allemagne, et les académies d'hommes et de femmes instituées dans le respectable but d'encourager, d'honorer et de propager l'amour platonique, et qui s'attachent à le *quintessencier*, manquent-elles rarement de tenir leurs séances dans des salles aériennes : là elles ont l'avantage d'être complétement séparées des profanes. Ajoutez que sous les tropiques c'est le meilleur moyen de se soustraire à l'incommodité des moustiques, maringouins et autres insectes malfaisans.

Mais une condition est indispensable pour la réussite de ce mode de réunion :

c'est qu'il règne un calme parfait dans les hautes régions de l'air : sans cela les assemblées délibérantes courent le risque de voyager assez loin contre leur volonté.

Les salles aquatiques ont bien leur mérite aussi pour la tenue des assemblées dans les pays chauds, ou dans les autres pendant la canicule. On en a fait de merveilleuses en Hollande, en Chine, au Japon. Celle qu'on imagina, il y a quelques années, sur le lac de Genève, était certes la plus ingénieuse application du simple procédé hydraulique avec lequel on fait retomber un jet d'eau sous la forme d'une demi-sphère, et comme une de ces cloches de verre sous lesquelles on mettait autrefois les pendules et beaucoup d'autres choses. C'était vraiment un coup d'œil curieux, dit-on, qu'une assemblée de quatre ou cinq cents personnes séparées par un grand radeau circulaire de la surface tranquille et diaphane du lac, et placée sous une vaste coupole qu'on eût dite de cristal, tout l'immense nappe d'eau qui la formait par sa chute non interrompue était polie, homogène et comme d'un seul morceau. Malheureusement, cette toiture humide est encore moins à l'abri des accidens que les autres constructions humaines; et l'on sait qu'au moment où la discussion s'échauffait assez vivement dans la docte assemblée, l'appareil vint à se déranger et la belle nappe d'eau tomba avec tout l'imprévu d'une averse sur les têtes, qui en furent singulièrement refroidies. A cela près, une salle de ce genre offre de grands avantages sous le rapport de l'acoustique. C'est une idée que je recommande à l'attention des architectes qui ont à faire un salon musical.

Quant à la voie ascensionelle pour la tenue de la première séance, indépendamment du trouble qui régnait dans l'atmosphère, on y a renoncé encore, pour ne pas abuser d'un moyen de rendre ces solennités imposantes, qui frappe beaucoup l'imagination des peuples. Si l'on me permet une dernière digression, je rappellerai à ce sujet que c'est surtout pour la proclamation et la promulgation des résolutions du congrès universel, que les séances aériennes produisent de puissans effets. On n'oubliera jamais que ce fut ainsi que le mémorable congrès de Constantinople termina sa longue et glorieuse session, dont le résultat a été de fonder le nouveau droit des gens, de centraliser la puissance de la raison humaine et de changer le sort de centaines de millions d'individus. Nuit fameuse à jamais, nuit sereine et douce comme les belles nuits de l'Hellespont, où l'auguste assemblée, planant au-dessus de la pointe de l'ancien sérail, vota sa grande loi en deux articles :

La guerre est interdite.

L'esclavage et la polygamie sont abolis sur la terre.

Cette loi apparut aussitôt à l'innombrable population, qui se pressait sur les rivages de l'Asie et de l'Europe, pour être témoin d'un spectacle si nouveau ; elle apparut promulguée en lettres enflammées dans toutes les langues, au milieu des éclairs, du tonnerre des six mille pièces de canon qui protègent la neutralité de Constantinople, et de tous les prodiges de feu dont la pyrotechnie peut éblouir et émerveiller les yeux. Les malveillans ne manquèrent pas de dire que la civilisation, avec cette grande consommation de poudre, faisait une parodie sacrilége du Mont-Sinaï, et que pour proclamer une loi de paix, il n'était pas nécessaire de casser toutes les vitres de Constantinople. Mais le fait est qu'un pareil tintamare devait être fort beau ; et pour en finir avec l'état de guerre, la civilisation ne pouvait plus dignement enterrer la synagogue. Il est vrai aussi que l'état de guerre n'a pas complétement disparu, et qu'à la place de l'esclavage et de la polygamie il y a d'autres misères et d'autres abus ; mais cela ne fait rien à l'affaire. Après tout, il y a, comme on dit, sensible amélioration et progrès réel : c'est bien quelque chose. Je parle sérieusement.

VI

UN
AMPHITHÉATRE CHAMPÊTRE.

La voix du genre humain est la voix de Dieu.
Traduction libre de la Bible.

VI

Un Amphithéâtre champêtre.

Voici encore un chapitre sur lequel je ne suis pas sans inquiétude du côté des gracieuses abonnées aux cabinets de lecture. Je vois d'ici leurs jolis doigts tournant avec une dédaigneuse rapidité et froissant avec humeur les pages du livre qui menace d'avoir avec elles le plus grand des torts, celui de les ennuyer. J'ai même cru voir tout à l'heure leurs charmantes bouches se contracter légèrement en une petite moue toute gentille, signe ordinaire d'une tendance discrètement comprimée, il est vrai, à cette disjonction du système maxillaire que les médecins à vapeurs, du temps qu'il y en avait, appelaient du mot technique de pandiculations, et qui est plus généralement connue sous le nom de bâillement. Pour compléter cette description d'un phénomène assez ordinaire de l'appareil nerveux, et pour montrer à quel point je sacrifie ici tout amour-propre d'écrivain, je me suis déjà représenté plusieurs de mes aimables lectrices ne pouvant plus résister à l'effet tristement magnétique de ces pages, s'y abandonner sans aucune retenue, étendre leurs bras délicats et enfin verser quelques-unes de ces larmes qui, hélas! ne sont point des larmes d'attendrissement. Singulière moquerie de la nature, qui a permis que l'ennui se décore ridiculement de l'un des signes de nos nobles émotions et de nos touchantes douleurs, et qui a fait que moi, par exemple, peu larmoyant par complexion, il m'est arrivé souvent, à la représentation de quelque drame, de passer pour être doué d'une sensibilité déplacée.

Après m'être exécuté de si bonne grâce devant la portion de mon très-peu nombreux public, aux suffrages de laquelle je tiens le plus, je la supplie d'avoir un peu de patience, de parcourir lestement les chapitres ennuyeux, et surtout de ne pas laisser paraître devant témoins des symptômes de déplaisir qui défigurent les physionomies les plus agréables, et qui, en outre, peuvent nuire beaucoup au succès d'un ouvrage.

Le lieu ordinaire consacré, à Centropolis,

aux réunions délibérantes ou aux assemblées cent fois plus nombreuses qui viennent y entendre quelque grande exécution musicale ou quelque fameux orateur, a toute la pittoresque et majestueuse simplicité des salles champêtres qu'on a multipliées depuis plus d'un siècle dans les différentes parties du monde. On sait que les sites agrestes, choisis d'ordinaire par les prédicateurs méthodistes dans la Grande-Bretagne et dans l'Amérique du nord, ces vallons profondément creusés par la nature en forme d'entonnoir entre des collines qui se joignent circulairement, tels qu'on en voit un, non loin d'Hampstead, rendu historique par d'immenses rassemblemens populaires; on sait, dis-je, que ces sites merveilleusement favorables à l'acoustique et à la perspective, donnèrent l'idée des salles en plein air. L'antiquité en avait fait grand usage, et les nations germaniques n'en connaissaient pas d'autres; mais la tradition s'en était perdue au moyen-âge, où les assemblées politiques étaient à peu près tombées en désuétude ; et toutefois l'histoire moderne en produit de fréquens exemples dans les contrées méridionales de l'Europe soit pour des assises, des tenues de cours plénières, ou de ces cours d'amour instituées par la galanterie chevaleresque.

La nature a beaucoup fait pour la salle champêtre de Centropolis ; mais l'art n'y a rien épargné non plus. D'un côté, un rocher abrupte, composé de couches prismatiques de basalte superposées, et s'élevant à environ cinquante pieds, comme une large muraille ; de l'autre, une petite colline presque demi-circulaire, se rapprochant en pente douce de la base du rocher, figuraient à peu près la forme ordinaire d'un amphithéâtre ; et il n'a pas fallu rapporter une masse considérable de terres pour atteindre la ressemblance exacte. Ce lieu se trouvait planté de ces immenses arbres des forêts vierges américaines, dont l'élevation laisse sous leur feuillage trente ou quarante pieds à l'air pour circuler librement. Ce toit de verdure est entièrement impénétrable aux rayons du soleil. Des toiles enduites de caoutchouc sont disposées de distance en distance, pour être tendues en un clin d'œil, grâce au mécanisme le plus simple, et offrir un abri sûr contre la pluie. Des gradins ou bancs de gazon règnent sur toute la rampe du demi-cercle. C'est là l'amphithéâtre qu'occupe l'assemblée, où les uns ont fait apporter des fauteuils, les autres des divans ou des coussins, suivant leur fantaisie ou leur mode nationale de s'asseoir ou de se coucher. D'autres, préférant la simplicité patriarcale s'étendent sur l'herbe embaumée et émaillée de fleurs.

Le fauteuil du président et les siéges du bureau sont situés au pied du rocher, et sur un bizarre promontoire basaltique, dans la partie basse de cette salle quasi-naturelle, que décore un rideau d'oliviers. On y monte par un escalier qu'il a été à peine nécessaire de tailler dans le roc. Une tribune de gazon est pratiquée un peu au-dessous d'après l'axiome d'acoustique que les sons tendent toujours à s'élever. Un petit ruisseau bien limpide dont la source est voisine, coule sans bruit et en ligne droite devant la tribune comme pour rappeler les orateurs à la modération, à la brièveté et à la clarté du langage. Mais la singularité la plus remarquable de cet amphithéâtre délibératif, c'est le procédé à l'aide duquel on a remplacé la mesquine et prosaïque sonnette des présidens d'autrefois. Quand l'assemblée devient par trop tumultueuse et bruyante, le président n'a qu'à presser un bouton et soudain deux larges cascades tombent des deux côtés du rocher, dans deux profonds ravins où l'eau va s'engouffrer avec fracas.

On pensait que la petite voix des passions humaines se tairait devant la voix plus imposante de la nature ; mais on s'accoutume à tout, comme les oiseaux aux épouvantails, et l'on assure même que malgré l'avertissement du ruisseau, il y a encore des orateurs verbeux, obscurs et peu mesurés.

Enfin, pour achever cette description à laquelle j'ai dû m'arrêter comme à celle de tous les objets généralement peu connus du lecteur, sur le pourtour extérieur de l'amphithéâtre règne un élégant portique en marbre de l'isthme, destiné aux spectateurs des séances, et surmonté de distance en distance par les statues des bienfaiteurs de l'humanité et des grands législateurs qui ont influé sur ses destinées.

Quoique la population de Centropolis ne compte encore que 350,000 ames, ce qui est toutefois assez honnête pour une ville qui ne date guère que de cent cinquante ans, l'affluence qu'appelle la solennité de l'ouverture du congrès est immense; toutes les cloches sont en branle, et les rues par lesquelles l'assemblée doit se rendre en cortége au lieu des séances sont décorées de riches tentures, de superbes tableaux, et jonchées de fleurs.

Il n'est point de solennité dignement commencée sans une cérémonie religieuse. La religion doit intervenir dans toutes les circonstances importantes de la vie des nations, comme de celle des individus. Mais la diversité des croyances, qui prescrit le respect des rites de chacune et défend d'accorder de préférence à un culte quelconque, a conduit à simplifier l'acte religieux en le généralisant de telle sorte qu'il convienne à tous.

Quand l'assemblée tout entière est réunie, le président donne le signal en se prosternant à terre. Cent pièces de canon, qui dans ces temps de paix ne servent plus qu'à fortifier de l'éclat de leurs explosions la manifestation des sentimens publics, partent à la fois; et non-seulement toute l'assemblée à genoux, mais encore cent mille personnes qui se pressent dans la vallée voisine, entonnent en chœur l'hymne universel.

La population benthamienne est si exercée à la musique que l'ensemble de cette exécution chorale à quatre parties ne laisse rien à désirer. Pour que le rhythme puisse être marqué en même temps par une masse d'exécutans répartie sur un si grand espace, un long drapeau placé sur la hauteur, non loin de la statue colossale de Bentham, et mu à l'aide de léviers par le président des institutions musicales de la république, rend, par ses mouvemens précis et réguliers, la mesure sensible aux yeux des plus éloignés. L'harmonie de ce morceau est d'autant plus complète que chacun ayant, dès long-temps, fait choix de la partie qui convient le mieux à sa voix, le chœur entier est dans la mémoire de tout le monde. Il résulte, il est vrai, de cette entière liberté des exécutans que les parties intermédiaires sont un peu négligées ; mais en revanche, et c'est l'essentiel, le chant et la basse sont indiqués avec une vigueur très-suffisante, et d'ailleurs toutes ces voix sont soutenues par un orchestre de dix mille artistes et amateurs qui donnent et maintiennent le ton. Au surplus, sans nier la puissance de l'harmonie, il faut avouer que la strophe qui produit le plus étonnant effet est celle qui est exécutée entièrement à l'unisson. Pour moi, je ne connais rien sous la surface des cieux de plus capable de m'émouvoir, de me gonfler la poitrine, de me faire tressaillir jusqu'aux larmes, de faire vibrer mon cerveau jusqu'au vertige, qu'un unisson de cent mille voix.

J'ai cru devoir m'appesantir sur ces détails, parce qu'ils me semblent intéressans pour les musiciens qui n'ont entendu que des masses de quelques milliers de voix, et n'ont pas eu l'occasion d'assister à un *festival* ou à un *musical meeting* conçu dans de pareilles dimensions. Mais je dois faire observer ici que ce n'est pas sur la terre que doivent se placer les auditeurs pour jouir pleinement de tels effets musicaux; c'est à environ huit cents pieds de hauteur qu'il faut se tenir. Aussi, plus de quinze cents aérostats, montés par tout ce qu'il y a de femmes élégantes et de beau monde à Centropolis, planent au-dessus de cette vaste et magnifique scène, et les mille couleurs dont ils sont pavoisés servent à former un arc-en-ciel d'un genre tout-à-fait à part. A cette hauteur, les sons de cent mille voix et instrumens arrivent à l'oreille délicieusement fondus et comme un son unique d'un caractère indéfinissable, comme une immense vapeur d'harmonie de la plus ineffable suavité.

Quand l'hymne est achevé, l'assemblée se lève en masse, et tous à la fois étendant la main vers le rocher-muraille où la formule du serment est tracée en guirlandes de feuillage, jurent de tout faire pour l'AMÉLIORATION MORALE ET LE BONHEUR DE L'HUMANITÉ.

Alors l'assemblée se rassied, et le président, resté debout, s'exprime en ces termes :

VII

UN DISCOURS SOLENNEL.

Mon dessein est de proposer des moyens de rendre la paix perpétuelle entre tous les états chrétiens. Qu'on ne me demande point quelle capacité j'ai acquise pour traiter un sujet si élevé et si important. A cela je n'ai rien à répondre.

Préface du projet de loi perpétuelle, par l'abbé de Saint-Pierre.

Je souhaite que le Seigneur bénisse son dessein.

Avertissement du sieur Antoine Schouten, marchand libraire à Utrecht. 1713.

La question qui s'agite devant vous, Messieurs, renferme les destinées du monde.

Discours sur la pêche de la morue dans une chambre du 19ᵉ siècle

VII

Un Discours solennel.

« Nobles capacités intellectuelles, illustres puissances industrielles, je m'incline devant vous.

» L'état satisfaisant du globe terrestre invite nos cœurs à s'élever avec reconnaissance vers la Divinité, en invoquant la continuation de ses bienfaits.

» L'humanité est plus heureuse qu'en aucun temps ; elle goûte les fruits du mémorable traité de Constantinople, et des sages lois à l'aide desquelles le congrès universel l'a constamment interprété et fortifié, en assurant son exécution.

» Sauf quelques désordres dans l'autre hémisphère, principalement en Asie, désordres dont je vais avoir l'honneur de vous entretenir, la paix du monde n'a point été sensiblement troublée.

» Non-seulement la lutte entre les diverses formes politiques est complètement abandonnée comme par lassitude, mais les rivalités de peuples, les ambitions de territoire, se sont à peu près éteintes, depuis que la liberté individuelle et commerciale est inscrite dans le code universel. Les gouvernemens les plus hétérogènes coexistent en bonne intelligence. L'extrême facilité avec laquelle s'opère le déplacement des familles, et la tendance vers les émigrations qui s'est fait remarquer chez les peuples depuis un siècle, ont rendu les gouvernemens si soigneux du bonheur de ceux-ci, pour les garder sur le sol, qu'ils ne négligent aucun moyen de perfectionner et de rendre économique l'administration, aujourd'hui unique but de la politique.

» Des croyances religieuses, philosophiques et politiques, trop exclusives pour supporter le voisinage de croyances différentes, ont, dans le cours du dernier siècle, opéré leur triage et leur classement, en se portant chacune isolément sur quelque point du globe, pour s'y développer plus à l'aise. On pouvait craindre que cette ségrégation n'accrût leur fanatisme et leur intolérance : heureusement le contraire est arrivé. Se trouvant sans contradiction, sans résistance, sans le stimulant d'une rivalité toujours présente, seules en face de leurs conséquences rigoureuses, elles semblent s'être lassées de leur propre contemplation, s'être ennuyées d'elles-mêmes, et tendent à reprendre leur place dans le pêle-mêle de la société. (Mouvement approbatif.)

» Les relations faciles qui règnent parmi cette auguste assemblée sont la preuve la plus éclatante de cette disposition à se comprendre et à se supporter. Quelques esprits ont même craint que l'harmonie ne fût poussée jusqu'à l'atonie; et, pour ne parler que des croyances religieuses, les fréquens rapports de bonne intelligence, la récente correspondance qu'on sait avoir eu lieu entre le souverain pontife du christianisme réuni, le grand muphti de l'islamisme réformé et le grand-prêtre de Bouddha, ont fait appréhender que les peuples ne fussent conduits, par des exemples donnés de si haut, à une trop grande indifférence sur les dogmes et les rites. (Les regards se portent vers le banc du pape, occupé par son légat, qui est assis auprès de celui du grand muphti, et qui sourit légèrement.)

» Toutefois, je ne dissimulerai point à vos N. C. I. et I. P. I. la gravité des symptômes que présentent dans l'Asie la tentative des guerriers des polygames, des despotes et maîtres d'esclaves, l'audace des brigands aériens, qui infestent également différentes régions de l'atmosphère, et étendent leurs déprédations même sur l'Europe, non plus que les actes non moins coupables et immoraux des modernes Amazones. Je m'arrêterai aussi à l'extension exorbitante à laquelle le droit d'association paraît aspirer. (Ecoutez, écoutez.)

» Vous avez compris que je fais allusion

aux projets aujourd'hui peu déguisés de l'association qui, sous le titre de *poétique* ou d'*anti-prosaïque universelle*, a caché pendant assez long-temps sa tendance évidemment *anti-civilisatrice*. (Ecoutez.) L'accueil presque encourageant qu'elle a fait aux demandes de secours qui lui ont été adressées par les perturbateurs de la paix terrestre, indique suffisamment son but réel. Ce sujet appellera votre sérieuse attention.

» Sans me permettre de préjuger vos résolutions, je peux rappeler les principes constans et la jurisprudence sociale du congrès en pareille matière.

» Assurément toute partie du genre humain, qu'elle s'appelle association ou nation, a le droit de se régir par des lois qui la rendent aussi malheureuse qu'elle le veut bien; mais elle n'a pas le droit de rendre des individus malheureux contre leur volonté. Le suprême pouvoir social ne doit intervenir qu'avec la plus grande circonspection pour la répression des violences exercées au mépris de ses lois; mais il est des cas où cette intervention est de son devoir.

» Depuis que les gouvernemens n'entretiennent plus d'armées permanentes, l'exercice de la force sociale a passé aux mains des associations auxiliaires qui, pour faire triompher les principes du congrès, mettent des forces considérables en campagne, à l'aide de souscriptions ouvertes sur toute la terre. C'est ainsi que les dernières guerres contre l'esclavage et la polygamie ont été soutenues.

» Mais des associations contraires ont cru avoir un droit égal de concourir au triomphe ou à la résistance des principes ennemis. Voilà le désordre; et il importe de déclarer que cette prétention n'a jamais été reconnue par le congrès universel.

» Lorsque l'association de liberté commerciale demanda au congrès l'autorisation de lever une armée de deux cent mille hommes, cent batteries à vapeur, etc., et d'équiper quatre-vingts vaisseaux de ligne pour contraindre les Chinois à supprimer leurs douanes, non-seulement on dut la refuser, parce qu'il n'était pas démontré que la Chine se trouvât malheureuse de la privation des produits étrangers. Il y a plus : si la société prohibitive eût encore existé, nul doute qu'elle n'eût été parfaitement en droit d'offrir des subsides ou des secours en hommes au gouvernement chinois. Mais lorsque des manifestations non équivoques du vœu de la nation chinoise d'entrer en relation commerciale et intellectuelle avec les autres nations éclatèrent sur tous les points de cet empire, alors le congrès ne put se dispenser de lever l'exception par laquelle la Chine était soustraite à la loi de liberté commerciale, et d'accorder à quiconque la permission d'employer la force pour contraindre le gouvernement chinois à son exécution. Par la même raison, si l'ancienne opinion prohibitive eût affiché la prétention de prêter appui aux douanes chinoises contre la nation elle-même, il n'est pas probable que le congrès l'eût tolérée. Eh bien! cette conduite est tracée bien plus strictement pour la circonstance présente, où il s'agit non plus d'intérêts commerciaux, mais de la vie et de la liberté de millions d'hommes. (*Vifs et nombreux témoignages d'approbation.*)

» S'il est donc nécessaire de seconder par une forte allocation le zèle de l'association civilisatrice, qui surveille avec une nombreuse armée, et repousse quelquefois les incursions de l'ennemi, vous le ferez sans doute, malgré l'insuffisance de nos ressources annuelles, et vous pourrez prendre cette somme sur le fonds commun de sécurité sociale porté au budget de l'humanité, en réservant pour des circonstances plus difficiles la vente de quelques milliers de lieues carrées de terres désertes dans l'Afrique ou l'Australie. (*Adhésion marquée*).

» Une affaire, heureusement peu urgente, et dont vous avez livré l'examen à une commission permanente, pourra être remise sans inconvénient à une autre session. Je parle de la pétition de plus de dix millions d'Israélites (*Ecoutez!*), tant de la Judée que des diverses contrées du monde, tendante à obtenir main-levée de votre opposition à ce que les 580 millions, produit de leur souscription, soient appliqués à la réédification du temple de Jérusalem. Jugeant que cette demande touchait à une question délicate de foi religieuse, et intéressait le repos d'une notable partie de l'humanité, le gouvernement juif lui-même, d'accord avec ses chambres, plus éclairées que cette partie de la nation, se montre peu disposé à favoriser un projet dont l'utilité ni la convenance ne l'ont frappé; il préférerait que les anciens rites, tels que les sacrifices sanglans, continuassent à se pratiquer sur les hauts lieux, comme à Samarie, afin de ne point rompre les relations de commerce et de bonne amitié qui existent entre les juifs et les chrétiens. »

Le grand-prêtre des juifs se lève, et demande la parole pour un fait personnel; le légat du pape la demande aussi. On fait observer à ces honorables membres que le moment n'est pas venu de traiter la question.

« Enfin le gouvernement juif et la partie éclairée de la nation pensent que cette somme serait mieux employée aux travaux de desséchement qui doivent assainir la Mer-Morte, et conduire de l'eau dans le lit du Jourdain. Toutefois, le dossier de cette affaire grave a été apporté sur plusieurs chameaux à la commission, dont les séances se sont tenues à Babylone : elle m'a fait savoir que son rapport n'était pas prêt.

» Appelé, à la fin de votre dernière session, à l'honneur de présider vos N. C. I. pendant celle qui commence, j'ai, dans l'intervalle de ces deux réunions, avec le concours éclairé de votre bureau permanent, porté toute mon attention sur les questions d'intérêt humanitaire que vous avez réservées pour un examen ultérieur. Nous aurons l'honneur de vous soumettre un projet de loi sociale sur les moyens d'assurer la garantie du droit de propriété des inventions importantes et des œuvres d'art chez toutes les nations du globe. Cette matière difficile exigera de longues discussions ; et, sans compter les projets que l'initiative individuelle pourrait faire surgir, ni les affaires internationales qui exigent une prompte solution, la présente session sera suffisamment remplie.

« Je terminerai en faisant remarquer que l'introduction de l'intervalle triennal entre les réunions de cet auguste congrès a eu d'heureux résultats. L'effervescente activité des esprits qui les pousse, d'un mouvement souvent irréfléchi, vers des nouveautés dont les essais malheureux n'aboutissent qu'à compromettre le progrès réel du genre humain, a été sensiblement calmée par cette mesure. Les questions ont maintenant tout le temps de mûrir, grâce à la discussion de la presse et des assemblées chez tous les peuples ; et le libre concours de toutes les intelligences et de tous les intérêts du genre humain, prépare ainsi à vos délibérations les élémens des solutions les plus conformes à l'expérience et à la raison. »

Ce discours est accueilli par les cris vivement répétés dans diverses langues : *Gloire à Dieu! paix à la terre!* L'assemblée est suspendue un quart-d'heure, et des conversations animées règnent dans toutes les parties de la salle.

Après avoir annoncé que la session est ouverte, on procède à l'appel nominal de tous les membres pour constater les absences, juger sommairement les excuses présentées, et admettre les suppléans. Quand le nom de la belle Politée, députée des états de Carthage, est prononcé, non sans quelque émotion, par Philirène, tous les yeux se portent avec une vive curiosité vers la place où elle siége habituellement. Son excuse, fondée sur le mariage de sa sœur, dont la prochaine célébration la retient à Carthage, est admise sans discussion. Les regards se sont tournés vers Philirène qui a rougi un peu, et l'on remarque beaucoup de chuchottemens dans l'assemblée.

Il n'est point de mon sujet de parler plus long-temps de cette session du congrès universel, quelque intérêt que ses discussions remarquables pussent offrir à un petit nombre de mes lecteurs.

Il importe seulement, pour l'intelligence de cette véridique histoire, de dire que l'assemblée a voté un secours annuel de sept cent cinquante millions à l'*association civilisatrice* jusqu'à l'extinction de la guerre qu'elle soutient en Asie contre les polygames, despotes et consorts. Dans ce secours n'est pas comprise une allocation spéciale de cent cinquante millions pour l'utile institution des *cigognes*, grands bâtimens aériens armés en guerre pour croiser contre les oiseaux de proie, et occuper sur diverses chaînes de montagnes des postes de surveillance voisins des repaires de ces pirates. Quant aux procédés réellement anti-humanitaires de l'association poétique ou *anti-prosaïque*, l'assemblée a sursis à prononcer jusqu'à ce que cette société, opposée aux résolutions du congrès, ait manifesté son esprit par des actes patens et décidément hostiles.

Une partie du public, loin d'approuver la conduite du congrès sur ce dernier point, l'a jugée par trop circonspecte et temporisante. On a pensé que l'association qui en est l'objet prendrait cette modération pour de la timidité, et redoublerait de jactance. J'aurai plus tard l'occasion d'apprendre au lecteur à quel point une telle prévision était juste.

VIII

—

UN
HÉROS INTELLECTUEL.

Il n'y a point de héros pour son valet de chambre.
Vieille remarque française

VIII

Un Héros intellectuel.

Quoiqu'il valût bien la peine d'arrêter quelque temps le lecteur à Centropolis et dans la république de Benthamia pour lui faire observer les mœurs assez curieuses des habitans de ce pays, je réserve pour une autre opportunité ce que j'ai à dire des Benthamiens. J'invite donc le lecteur à se transporter avec moi dans les espaces éthérés, où un nombreux convoi aérien cingle de l'hémisphère colombien vers le nôtre. Cette caravane volatile a soin de se tenir de conserve, à cause des nombreux oiseaux de proie, pirates aériens plus connus sous le nom vulgaire de *chasse-mouches*, qui attaquent les voyageurs avec une audace vraiment incroyable.

L'aérostat de Philirène se trouve confondu parmi tous les autres; car ici Philirène n'est plus le premier; il est rentré dans la vie privée, et, comme un modeste particulier, il n'a pour toute suite, malgré son immense fortune, qu'une trentaine de personnes, en comptant l'équipage qui manœuvre son *Hirondelle*, du port de quinze tonneaux.

Le peu de lecteurs qui ont pris la peine de suivre ce récit avec quelque attention, auront compris qu'en racontant les principales circonstances de la session du congrès universel, nous avions rétrogradé dans le temps, et nous trouvions placés à une époque antérieure aux événemens qui viennent de se passer à Carthage, et par lesquels nous sommes entrés *mediis rebus*, comme disaient les anciens critiques. La session, qui avait duré beaucoup trop long-temps au gré de l'impatiente Mirzala, étant terminée, Philirène devait se rendre à Carthage par la France, afin de faire ses emplettes de noces à Paris, qui est toujours la métropole du luxe et du bon goût.

Philirène ne se doute donc pas encore de l'acte de perfidie et de violence accompli avec tant de succès contre sa fiancée, ni du cruel désappointement qui l'attend à son retour. Cependant il est triste, préoccupé; on dirait qu'il est agité par quelque pressentiment. N'ayant point à veiller, dans l'état tout-à-fait propice de l'atmosphère, à la manœuvre de la queue, il est à l'avant de l'*Hirondelle*, dans la petite galerie triangulaire pratiquée dans le bec même de l'oiseau, devant le salon qui occupe une partie de la tête. Cet espace, spécialement réservé aux capitaines des bâtimens aériens pour leur observatoire, leur cabinet ou leur boudoir, est le lieu où Philirène se tient le plus volontiers, tandis que les personnes de sa suite sont occupées à jouer, à lire, à faire de la musique ou de la peinture. Aussi l'a-t-il fait décorer avec une élégance et un bon goût qui autrefois eussent pu passer pour de la magnificence.

Après s'être arrêté un moment au télescope toujours braqué sur l'espace vers lequel on s'avance, et avoir jeté un coup-d'œil sur la boussole fixée au plafond, il se rejete sur un sopha en portant la main sur son front endolori. Son fidèle Eupistos, qui est bien moins un secrétaire qu'un ami, est assis devant lui, le regarde avec un air de commisération et de douleur, sans rompre le silence qui a suspendu un moment leur conversation.

On peut mettre ce moment à profit pour les observer tous les deux.

Je n'ai jamais lu de roman sans éprouver les sentimens d'une véritable compassion pour les gens gras, joufflus, hauts en couleur, jouissant enfin de ce parfait équilibre des humeurs, de cette abondante circulation du sang, qui annoncent une inaltérable tranquillité d'âme, un complet contentement de soi-même et une excellente santé : heureux symptômes d'une organisation sur laquelle les passions ne peuvent avoir un long empire, ou même qui est souvent hors de leurs atteintes. Il m'a semblé que ces hommes ne devaient pas laisser d'être sérieusement mortifiés en ne trouvant jamais de héros de roman qui leur ressemblent tant soit peu. Infortunés qu'ils sont! condamnés au désagrément de ne rencontrer dans les livres que de grandes figures longues, pâles, des tempéramens où dominent les systèmes nerveux et bilieux, en un mot des gens passionnés.

Je vais avoir moi-même le chagrin d'augmenter celui que je prête peut-être fort gratuitement aux gens gras, joufflus et hauts en couleur. En effet, j'ai aussi à leur montrer un héros très-pâle : mais je vais les consoler un peu en leur disant que ce n'est point de cette noble pâleur qu'ont faite les passions en ramassant en quelque sorte tout le sang dans un brûlant foyer intérieur. C'est une pâleur presque chétive et souffrante. Ce n'est pas celle des héros bilieux, c'est celle d'une organisation à la fois nerveuse au plus haut degré, et flegmatique ou lymphatique si on l'aime mieux : enfin c'est celle d'un philantrope sceptique.

Telle est donc, au premier aspect, l'apparence de Philirène, qui, je le crains bien, ne réussira guère auprès de mes belles lectrices : mais que cela ne les décourage pas trop ; en revanche elles auront Philomaque.

La constitution délicate de Philirène, tout-à-fait incompatible avec les proportions héroïques, ne l'est pourtant pas avec les formes sveltes et élégantes. Sa physionomie, spirituellement expressive, est ordinairement empreinte de cette mélancolie qui ne messied point à des traits nobles et fins. Toutefois, son sourire manque parfois de charme, parce qu'il ne semble pas le reflet d'une âme reposée dans une conviction quelconque ; on y trouve plus de bienveillance que de sympathie, et l'on y cherche en vain l'indice d'un cœur content qui a de vifs élans, et dont les battemens sont larges et aisés. Ses yeux, qui se font remarquer tout d'abord par leur singulière clairvoyance, ont quelquefois cette fixité insouciante qui ne regarde pas et qui glace, parce qu'on la croit dédaigneuse. Assez habituellement il évite de soutenir les regards trop directs, non qu'il craigne le moins du monde de se laisser pénétrer; c'est en quelque sorte pour ne pas gaspiller sans nécessité sa propre faculté de pénétrer les autres. Mais quand il veut l'exercer, son regard agit promptement, avec une puissance dissolvante, et, comme les réactifs des chimistes, lui rend les mauvaises pensées aussi visibles qu'un précipité.

Son ami est au contraire un beau jeune homme, aux yeux étincelans, à l'air inspiré, aux longs cheveux noirs.

— Est-ce que vous allez retomber dans vos idées vagues, dans votre dégoût de toutes choses, cher Philirène? Vous êtes cependant bien peu loin encore du moment où de fortes et enivrantes émotions ont dû remonter votre amour-propre, et votre foi en vous-même, car il vous manque jusqu'à celle-là. Je croyais que vous remporteriez de Centropolis, où vous avez occupé le premier fauteuil du globe, plus d'excitation qu'il n'en fallait pour arriver sans affaissement moral jusqu'à Carthage.

— Mon cher ami, l'amour-propre se fait à tout. Il y a long-temps que je me créais l'idée très-exacte de la position que j'occupe, que cent mille autres occuperaient tous aussi bien que moi, et qui ne prouve absolument rien en ma faveur. Sans doute il y a un moment d'enivrement quand on se prend à songer qu'on manie de si immenses questions, qu'on remue les intérêts de centaines de millions d'hommes; mais quand on n'est pas bien sûr du résultat final de tout cela, il est difficile de ne pas se sentir découragé.

— Comment pourrait-on croire, si l'on

vous entendait ainsi penser tout haut, que c'est Philirène qui parle, l'homme qui en face du monde, en quelque sorte, paraît si pénétré de la hauteur et de la sainteté de sa mission, et qui trouve parfois un langage si élevé, quoique simple, et de si heureuses images pour inspirer le sentiment de l'ordre moral et l'amour de l'humanité !

— Oh! mon Dieu, ne voilà-t-il pas que vous allez aussi faire le flatteur.

— Vous savez bien que je ne vous flatte pas d'habitude; mais à ce que vous dites, à ce que vous faites (car vos actions sont d'accord avec vos paroles) eh! bien, tandis qu'il y manque votre conviction, la mienne s'y joint. Je crois en mon ame et conscience, je ne dis pas à votre œuvre, car vous n'êtes qu'un des instrumens, mais à l'œuvre de l'humanité.

— « Grand bien vous fasse, dit Philirène, avec un sourire spirituel sans sarcasme, et se reprenant d'un ton posé et affectueux : Oui, grand bien vous fasse, cher Eupistos, vous qui avez le bonheur d'une foi vive et sincère, bonheur que je ne cesse d'envier. Je l'ai cherchée partout cette foi : j'ai été à Kantopolis, chez les spiritualistes, les docteurs de la raison pure; j'ai visité Organopolis, cette cité des physiologistes, où tout l'état social et politique repose sur l'étude de la constitution physique des individus, où toutes les questions sont subordonnées à l'observation des crânes, des physionomies, des tempéramens; où enfin on a la prétention de rectifier physiologiquement nos mauvais penchans dès l'enfance, en modifiant nos tempéramens, en aplatissant les fâcheuses protubérances de nos têtes. Nulle part je n'ai vu l'image d'une société morale et heureuse comme je la voudrais. J'ai été affligé de la prodigieuse quantité d'heureux fripons, de scélérats en prospérité qui abonde partout, et, il faut le dire, au moins autant chez les spiritualistes et les dogmatiques, que chez ces sybarites Benthamiens, parmi lesquels nous vivions dernièrement. On ne sait comment se font les accommodemens de la conscience chez les uns, ni comment s'expliquent les inconséquences de l'intérêt chez les autres. Mais je suis également effrayé en songeant que, là où l'on rattache le devoir individuel à la loi d'ordre universel, les méchans sont nécessairement d'infâmes sacriléges, et que, là où l'on s'efforce d'accorder l'intérêt individuel avec le bonheur universel, les bons ne peuvent être que des niais sublimes. Je voudrais, de toute la force de mon ame, croire à l'absolu, au type du beau, du vrai idéal, non y croire comme je le fais, mollement, et en admettant aussi le réel, le monde matériel qui me presse de partout malgré moi, qui semble là pour donner sans cesse d'ironiques démentis à l'abstrait et m'en rendre l'illusion impossible. Je voudrais arriver à cette foi exaltée du psychologue pur qui, poursuivant l'absolu d'argument en argument, se débarrasse peu à peu de la matière comme d'un vêtement trop lourd, et finit par la nier tout-à-fait. Mais, quoique ce parti soit fort commode, il ne dépend pas de moi de le prendre. Je n'ai donc pas le bonheur de pouvoir nier la matière, et j'ai le malheur de ne pouvoir l'estimer comme la source du bien.

— Sans doute, dit Eupistos, la matière est imparfaite, et j'ai, moi, le bonheur de croire qu'en elle est le seul principe du mal. Mais ne croyez-vous pas comme moi que la somme du mal a constamment diminué, et, d'après la loi de progression, doit diminuer encore sur la terre, jusqu'à l'époque où il en aura entièrement disparu ?

— Eh ! voilà, mon cher, la porte par laquelle j'ai toujours cherché à échapper au découragement. Mais j'en suis à douter que les hommes soient à la fois meilleurs et plus heureux que dans le passé. Je vois bien de nouvelles misères remplacer les anciennes, bien de nouveaux besoins naître de la multiplicité des jouissances, et en supposant que le mal physique ait diminué, le mal moral, celui qui est le produit des actes de la volonté humaine, n'a-t-il pas peut-être augmenté? Sans doute ce mal ne se fait plus aussi violemment, aussi brutalement qu'aux temps d'ignorance et de barbarie; mais au point où les lumières sont répandues chez les peuples, il a dû revêtir d'autres formes, des formes polies et élégantes; ce n'en est pas moins le mal, et comme la moralité d'un acte s'apprécie moins par le résultat matériel que dans son rapport avec l'intelligence de l'agent, je dis que même en faisant moins de mal, mais avec plus de réflexion, l'humanité éclairée serait plus méchante que l'humanité barbare et passionnée. Celle-ci avait son excuse pour le mal, et plus de mérite pour le bien.

— Moi, je dis que c'est abuser de la faculté de raisonner que d'ôter ainsi à l'humanité jusqu'aux mérites de son amélioration.

— Eh bien ! j'accorde que le mal diminue ; j'ai la plus grande peine à croire qu'il disparaîtra. Cette supposition est contraire aux procédés de l'analogie qui n'admet que des termes semblables. Entre deux termes d'une progression il y a analogie ; mais entre une somme de mal, quelque petite qu'elle soit, et sa disparition radicale, il n'y en a pas. Il y a l'abîme qui se trouve entre un rapport et l'absolu. J'avoue que c'est un peu subtil ; mais quand des subtilités répondent à des hypothèses, je ne vois pas qui a le droit de se plaindre. Si donc nous ne pouvons que diminuer la somme du mal, il n'y a de différence entre le passé et l'avenir que dans le plus ou le moins, et plus j'y songe, plus je vois combien la dose importe peu au fond de la question. Que me fait à moi, qui voudrais avoir trouvé comme vous, comme tant d'autres braves gens, le bien absolu, soit religieux, soit philosophique, ce port où mon esprit ballotté et fatigué jeterait l'ancre; que m'importe, dis-je, que nous venions à bout de rendre plus rares ou moins graves certains accidens, certains désordres, moins cuisantes certaines douleurs? La maudite question du mal autour de laquelle les philosophes, les pères de l'Église ont tant tourné sans réussir à trouver une solution qui me satisfasse, reste toujours là désespérante.

L'antique et presque universelle tradition dogmatique que le christianisme continue pour le plus grand bien moral d'une portion considérable de l'humanité, afin d'en finir avec la question du mal, nous a annoncé la fin du monde. Je n'ai point d'opinion sur l'éternité ou la temporanéité de la matière universelle ; mais je crois aisément à une fin quelconque de ce monde terrestre. Eh bien ! cela ne fait que rapetisser la question aux proportions d'une simple affaire de planète, et sans la résoudre davantage. J'aime infiniment mieux vous accorder votre anéantissement du mal ; mais dans l'un et dans l'autre cas, la multitude des générations humaines dont la misère a été par elle profondément sentie, quoique décroissante et nécessaire dans l'ordre progressif, m'apparaît comme une immense victime immolée à une divinité impitoyable. Je plains tout ce malheureux passé d'hommes, comme je plains tant de misérables doués par la nature du penchant au crime de toutes sortes, ou tant de pauvres diables nés sans pain et sans aptitude au travail. Il existerait donc une loi du monde physique, loi fatale, absolue, supérieure à la divinité même qui est toute justice, toute bonté, mais qui ne serait pas toute puissance? Cette loi, par laquelle le mal est la condition et le corrélatif nécessaire du bien physique et moral, porterait donc en elle-même le principe de son adoucissement progressif, ou, si vous voulez, une intelligence providencielle se chargerait de l'adoucir? Ce ne sont que des hypothèses où la raison ne sait comment s'accrocher. Mais en supposant qu'elles donnent une explication, elles ne donnent point une satisfaction. Quand le mal relatif aura disparu, par une conséquence rigoureuse, le bien relatif disparaîtra aussi. Alors, me direz-vous, il y aura le bien absolu, ce bien que notre intelligence ne peut concevoir. Tant mieux, vous répondrai-je, pour ceux qui seront là; mais le passé, le malheureux passé!

— Oh! mon ami, est-ce que vous voulez aussi faire entrer votre découragement dans mon âme? Non, heureusement ma foi me soutient.

— A Dieu ne plaise, cher Eupistos, que je veuille ôter aux autres un bien que j'envie pour moi-même. Au contraire, après avoir exposé mes doutes, comme un malade ses infirmités, je vais vous montrer, non les remèdes héroïques, car je n'en ai pas, mais les palliatifs que j'y applique. Croyez-vous que si je n'avais quelque idée d'être bon à quelque chose, de remplir un ministère agréable à Dieu ; croyez-vous que je consentisse à mener la vie agitée, souvent pénible que je mène, et à traîner ainsi le boulet de la civilisation, moi qui aimerais cent fois mieux vivre tranquille dans un coin ignoré de la terre, vivre de la vie pastorale dont l'image m'enchante dans la Bible et les poètes antiques, de cette vie monotone et souvent solitaire, où l'industrie humaine me laisserait en repos, où je ne serais plus assourdi du bruit, importuné de la vue de ses machines, où je serais en présence de la simple nature, n'ayant à craindre que ses rigueurs, ne jouissant que de ses bienfaits ?

— Voilà de ces exaltations bucoliques, comme en ont toujours eu les rois sur le trône, les citadins dans la ville et les généraux sur le champ de bataille.

— Soit, j'accepte la plaisanterie. Mais toujours est-il que voyant le trouble dans ma raison, j'ai interrogé ma conscience. Quoique celle-ci ne soit, peut-être, que le reflet des habitudes, des croyances morales au milieu desquelles nous vivons, je pense qu'elle doit être consultée de préférence à la raison, parce que tous nous devrions, en toute circonstance, accepter le jugement du tribunal de l'humanité, tandis que l'humanité ne consentirait jamais à ce que chaque individu n'acceptât que lui-même pour juge. J'ai donc fait ma conscience de la conscience du genre humain, et c'est à l'aide de ce guide que je tâtonne à travers tous les sentiers de la vie, lui laissant la responsabilité de mes actes. Je veux sincèrement le bien ; je le cherche au milieu des nuages qui le rendent quelquefois difficile à démêler, et qui obscurcissent encore plus les moyens de le faire sûrement, de le faire avec la moindre quantité de mal, quand un mal est indispensable pour opérer un plus grand bien. Dans cette recherche, pressé par la nécessité de prendre un parti et d'agir, j'éprouve parfois d'affreuses perplexités ; mais je m'attache à pressentir la majorité des esprits ou à la suivre, et je me consacre à exécuter, sans une entière conviction, les volontés du genre humain.

— Si la vertu et l'héroïsme consistent dans le sacrifice de soi-même, vous êtes certainement un homme vertueux, un héros; et comme vous allez jusqu'au sacrifice de votre pensée, je vous appellerais un héros intellectuel.

— Grand merci, dit Philirène en souriant. Mais je vous avoue qu'au total j'ai encore sacrifié bien peu de chose.

— Je le savais bien, dit Eupistos.

La conversation prenant une tournure plus vive et plus conforme à l'extrême mobilité d'idées de Philirène, les deux amis ont parlé successivement de sciences, d'arts, de littérature, et puis se sont mis à improviser de la musique que mes lectrices auraient de beaucoup préférée à l'ennuyeuse conversation dont ce chapitre est rempli. J'ai oublié de les en prévenir; et peut-être auront-elles suppléé à l'avertissement. Mais je leur jure que ce chapitre est le dernier où il y aura du rabâchage philosophique.

IX

UN COMBAT AÉRIEN.

L'empire appartient à la science.
Anonyme.

IX

Un Combat aérien.

Ayant aussi peu le temps de m'arrêter à Paris que Philirène, qui n'y reste qu'un jour, ce qui est strictement suffisant pour faire ses emplettes de noces et visiter trois ou quatre savans du premier ordre, je promets au lecteur de lui montrer une autre fois la capitale de la France, et je l'invite à remonter avec cet amant impatient dans sa jolie hirondelle, si alerte, si joyeuse, si luisante, qui étend au soleil ses grandes ailes, non pas de couleur foncée, comme celles de l'oiseau dont elle porte le nom, mais presque blanches, pour que la lumière n'ait pas une action trop délétère sur ses légers agrès. La cargaison est augmentée de la plus riche collection d'étoffes diaphanes, soyeuses, veloutées, de toutes sortes, de toutes couleurs, de tous dessins, où l'or, l'argent, les diamans, les perles, les pierres précieuses se mêlent avec un goût discret et élégant; plus, des bijoux, des plumes, des fleurs, et une foule de ces riens si jolis, dont le nom n'existe que dans la langue du moment, et enfin deux caméristes parisiennes, des plus accortes, des plus adroites à faire et à défaire lestement la toilette la plus savante, sans se laisser troubler dans l'important exercice de leurs fonctions, ni par les impatiences, ni par les mots et quelquefois les gestes trop animés.

Rempli de cette cargaison brillante, qui occupait plus d'espace qu'elle ne donnait de lest, mu par la puissance connue de l'air comprimé, liquéfié, puis vaporisé, le bâtiment cinglait à tire-d'ailes vers la Méditerranée, et semblait dévorer l'espace; lorsqu'au bout d'une heure, après avoir fait à peine sept ou huit myriamètres, le pilote, placé à la queue ou gouvernail, signale un oiseau de proie qui tient dans son bec crochu le drapeau rouge de la guerre, et donne la chasse à l'hirondelle.

Philirène se transporte à l'arrière avec sa lunette d'approche, puis, ayant reconnu l'ennemi, ordonne de lui tourner la tête. Avec un essor tel que celui de l'hirondelle, dans le moment, cette manœuvre exige un énorme circuit, et laisse à l'oiseau de proie le temps d'arriver. Philirène aurait voulu le prendre en flanc pour lui lancer, dans ses côtes, certains projectiles qui lui auraient prouvé que l'hirondelle n'est pas sans quelques moyens de défense; mais le milan, déviant de sa direction, lui vient aussi en tête, avec un léger mouvement d'ascension, en lançant par le bec quelques fusées, et en étendant déjà ses immenses griffes de fer toutes prêtes à enserrer sa proie.

— Ce ne sont pas des apprentis, ces coquins-là, dit tranquillement Philirène à Eupistos, qui, malgré sa foi philosophique, commençait à éprouver une sérieuse inquiétude.

Puis s'adressant à l'équipage : Messieurs, dit Philirène, nous allons apprendre bientôt à ces bandits qu'ils s'attaquent à un membre de l'institut scientifique européen.

En même temps, il ordonne une manœuvre et un redoublement de force motrice, qui, avec moins de précision dans l'exécution, auraient un immense danger, mais qui donnent à l'hirondelle un mouvement prodigieux d'ascension presque verticale. Le milan est arrivé assez près dans ce moment-là pour qu'on puisse voir les figures ébahies de son équipage, qui était loin de s'attendre à une si hardie et si habile manœuvre, et qui bat des mains avec l'enthousiasme sincère et profond de brigands bien élevés, toujours prêts à rendre hommage au sang-froid et à la supériorité du savoir de leur adversaire.

Soit à cause de leur étonnement, soit plutôt pour ne point avarier leur prise en expectative, ni la riche cargaison dont ils avaient sans doute reçu l'appât de leurs intelligences dans Paris, les pirates n'avaient pas lancé beaucoup de projectiles, visant droit à enserrer. Maintenant la situation avait changé : ce n'était plus le milan qui avait l'offensive, c'était l'hirondelle.

— J'ai joué avec ces coquins-là, dit Philirène à Eupistos, un jeu à nous faire sauter, quand il m'était facile de leur lâcher une douzaine de fusées de feu grec, qui auraient rôti le milan comme un simple canard sauvage à la broche.

Pendant ce temps, Philirène qui avait viré de tête en s'attachant à suivre le milan qu'il domine d'une hauteur de vingt à trente mètres, lui envoie sur les ailes une petite pluie de feu assez incommode et suffisante pour le mettre bientôt hors de service. Il n'en veut pas davantage, satisfait de montrer au pirate qu'il pourrait faire mieux que cela; et convaincu que dans cet état le milan est incapable d'aller bien loin sans être forcé de se laisser graviter à terre, il se borne à s'attacher à sa marche et à lui envoyer ses bombes d'artifices à mesure que les brigands réparent les avaries de leurs ailes. Mais, en même temps, il est forcé de recevoir çà et là quelques volées de projectiles incendiaires lancés avec une précision à laquelle il doit également rendre justice, et qui lui causeraient un grand dommage, s'il ne savait les éviter avec adresse par de brusques mouvemens à l'instant où il les voit partir.

— J'admire votre générosité à l'égard de ces scélérats, de ces ennemis de la civilisation, de ces odieux obstacles au triomphe complet de notre principe, du *plus grand bonheur des plus dignes*, dit à Philirène Eupistos, qui ne commençait point encore à se rassurer contre un péril aussi clair que le jour.

— Que voulez-vous, mon cher! Je n'ai pas cette inflexible conviction dans laquelle tout autre que moi en eût fini avec ces pauvres diables, dont le tort principal est d'être doués d'une organisation belliqueuse qui ne peut supporter le calme plat de l'état de paix que nous imposons à l'humanité. Toutes ces têtes-là doivent avoir la proéminence de destructivité dans la région voisine de l'oreille, et celle de l'acquisivité très-développées. Ce n'est pas leur faute, et cela leur communique, pour le droit de propriété, un mépris absolu qui serait cruellement châtié par un dogmatique bilieux ou sanguin, mais qui fait seulement pitié à un douteur flegmatique et nerveux tel que moi.

— Singulière mansuétude sophistique! dit Eupistos avec impatience; et avec tout cela, vous risquez votre vie et la nôtre. Vous avez donc au moins de la bravoure, sceptique bizarre que vous êtes.

— Moi, dit Philirène en riant, je suis au contraire, ce que, d'après les idées reçues, on appelle partout un poltron. La seule pensée de la moindre égratignure me fait frémir, et m'agace horriblement les nerfs.

Je sais bien que si je me laissais prendre par ces brigands, ils me traiteraient avec l'urbanité dont les pirates ne manquent pas plus que nous dans ce temps de civilisation avancée; ils seraient même si fiers de leur prise, qu'ils auraient pour moi tous les égards dus à ma position intellectuelle et industrielle dans le monde, sans parler de l'espérance d'une forte rançon. Mais j'ai un peu d'amour-propre, et avec les moyens de défense qui étaient en mon pouvoir, il m'eût été pénible de donner à ces ignorans le droit de se vanter de leur supériorité sur un physicien et un mécanicien de mon rang. Il m'eût été insupportable de penser qu'on publierait par le globe que le président du congrès universel s'est laissé gober comme une mouche par des brigands vulgaires. J'ai donc dû prendre le parti tout simple dont vous avez été témoin. Si la manœuvre eût manqué, nous eussions sauté en mille morceaux, et chu à huit cents pieds sans nous en apercevoir le moins du monde, et sans douleur, comme disent les arracheurs de dents. Si, d'un autre côté, je recevais une blessure par trop désobligeante, vous savez que j'ai là plusieurs fioles de gaz béatifiant qui peuvent nous débarrasser de toutes les souffrances et de toutes les inquiétudes de la vie. Il y en a à votre service.

— Bien obligé, dit Eupistos. Je saurai souffrir, parce que je crois en quelque chose.

— Tant mieux pour vous, dit Philirène.

C'est évidemment Eupistos qui est le brave; Philirène est le poltron, comme il en convient fort bien; et ses précautions de suicide doivent être flétries par un blâme énergique.

Cependant le milan se sauve dans la direction de l'ouest, en suivant le cours de la Loire, sans doute pour gagner l'Océan, où il mettrait sa coque et ses nacelles à flot, et où son équipage, mis hors du droit des gens, serait plus en sûreté que sur la terre de France. Mais l'obstination de l'hirondelle à le suivre et à le harceler, rend ce projet difficile à accomplir, et bientôt le milan est forcé de choir sur la Loire, à un myriamètre environ au-dessous de Saumur, près d'un bourg nommé Chenehutte-les-Tuffeaux. Il était grandement temps; car, malgré l'incombustibilité de ses enduits, et la promptitude avec laquelle l'équipage portait sur tous les points les moyens éprouvés pour étouffer la flamme, le milan commençait à prendre feu sérieusement.

Philirène s'abat sur le coteau voisin, dans un lieu nommé Ste-Radegonde. Il avait eu dans son équipage deux hommes tués, dont un qui s'était laissé choir à terre, et quatre ou cinq blessés, dont deux complétement aveuglés par les fusées. Nous allons apprendre tout à l'heure les pertes du milan.

X

—

UNE MAISONNETTE.

Hoc erat, etc.

Cela était dans mes souhaits.
HORACE.

Le prêtre doit se faire instituteur, ou l'instituteur devient le prêtre des civilisations avancées.
Anonyme du 19ᵉ siècle.

X

Une Maisonnette.

Quel que soit le développement actuel de l'aéronautique dans toutes les contrées avancées en civilisation, la chute de machines volantes d'une dimension semblable est un événement trop peu commun, pour ne pas faire sensation là où il a lieu. Pour les habitans de la campagne surtout, la vue rapprochée de tels oiseaux, qu'ils n'aperçoivent d'ordinaire qu'à une grande hauteur dans les airs, est un spectacle qui ne manque pas d'exciter la curiosité. Aussi doit-on bien penser que l'affluence est considérable, principalement sur le rivage si populeux de la Loire, lorsque l'énorme milan se pose sur la surface large et polie du fleuve, avec assez de précaution pour ne point être submergé. Déjà les hardis aventuriers arrimant à la hâte la coque du milan, et ses nacelles auxiliaires toutes disposées, en cas de besoin, pour la navigation, commençaient à descendre le fleuve, en faisant voile des débris de leurs ailes, et en nageant avec l'appareil de leur moteur converti en roues de bateau.

Si, contre toute apparence, personne, sur leur passage, ne leur demandait l'exhibition de lettres de marque justifiant un équipage évidemment guerrier, et qui ne pourrait appartenir régulièrement qu'à l'association civilisatrice, ils traverseraient Nantes, et puis gagneraient la mer. Mais Philirène y met ordre par un signal qui donne l'éveil à la force publique, bientôt rassemblée. On s'empare de leurs personnes, on dresse inventaire de leur bâtiment, et provisoirement on les envoie dans les prisons de Saumur, où un jury spécial devra les juger; puis une commission phrénologique les examinera, pour poser les questions d'indulgence. Ceux qui auront les signes de penchans naturels tout-à-fait vicieux, seront placés dans la maison pénitentiaire de Fontevrault, où l'on tâchera, un peu tardivement il est vrai, de neutraliser ces penchans. Ceux chez lesquels on trouvera, au contraire, les indices de bons penchans, que la mauvaise éducation et les traverses de la vie auront pu contrarier et pervertir, seront placés dans une maison d'amendement et de perfectionnement supérieur, d'où plusieurs pourront sortir avec un bon emploi, et faire honorablement leur chemin dans la société.

Philirène, en songeant à cela, disait un jour à Eupistos : Notre admirable philantropie rend la position de certains coquins préférable à celle des braves gens; mais est-ce toujours la faute à ceux-là s'ils étaient des coquins, et y a-t-il toujours du mérite à ceux-ci d'être de braves gens?

Il disait encore à propos du jugement de l'équipage : Ici les phrénologistes sont chargés de l'application et de l'adoucissement de la peine. A Organapolis, ce sont eux-mêmes qui jugent, qui se bornent à punir du régime le plus calmant, les scélérats dont les actes ont été conformes à leur organisation, et ordonnent des peines plus sévères pour de moins grands coupables, dont l'organisation devait les porter au bien. Voilà deux justices, et combien y en a-t-il d'autres dans ce monde, et quelle est la meilleure?

Il regrettait vivement les hommes honnêtes et intelligens de son équipage, morts, ou infirmes pour le reste de leurs jours. Sur les cinquante hommes qui montaient le milan, disait-il, il y en a eu sept tués ou perdus dans la manœuvre, et une douzaine d'estropiés. Je gémis sur leur sort, car ils sont punis beaucoup plus sévèrement que leurs camarades, sans l'avoir mérité; et cela ne me rend pas les miens!

Voilà comme Philirène voit presque en toutes choses sujet de s'affliger, et de noyer sa pensée dans les eaux troubles et nauséabondes du doute.

Cependant, en parlant de ce qui devait advenir de l'équipage de l'oiseau de proie, j'ai négligé de suivre Philirène chez les hôtes près desquels il a mis pied à terre.

Ce sont de bonnes gens qui vivent dans

un ancien ermitage, fondé, je crois, au quinzième siècle. On y voit encore les ruines de la chapelle, et, dans une cavité, les vestiges de la cellule des bons ermites que nourrissait la charité des habitans du hameau voisin, situé au pied du coteau, sur le bord de la rivière. C'était alors un hameau ; mais aujourd'hui que la France compte cinquante-quatre millions d'âmes, la Mimerolle peut bien s'appeler un village.

Autour de la jolie maisonnette, admirablement située sur le sommet d'une côte escarpée qui domine la Loire, il y a un enclos de trois ou quatre hectares de terrain, planté en grande partie en vignes, dont le produit est fort estimé dans le voisinage. Dans le reste, on voit un verger, un petit potager derrière l'habitation, des tapis de luzerne, quelques espaces couverts de sainfoin en fleur, puis çà et là des haies d'aubépine bien taillées, bien peignées, et, auprès de gros blocs jetés là depuis des siècles, quelques buissons de houx toujours verts et aux rouges baies, de chèvrefeuille à l'odeur suave, de clématite qui semble étaler ses fleurs sur les autres arbustes comme une légère et blanche écume, d'églantier, de troësne, de fusin aux tiges anguleuses et aux baies de corail. Dans le lieu le plus élevé, de grands arbres verts, un if, un épicéa, un pin d'Italie, élancent dans les airs leurs hautes et vieilles tiges à la parure funèbre, qui se voient à quatre myriamètres de là en toute saison, comme d'immobiles télégraphes n'exprimant qu'une seule idée. Je craindrais d'ennuyer, en nommant beaucoup d'autres arbres ou arbustes, indigènes ou exotiques, aux fleurs odorantes ou au feuillage luisant, formant le petit bois-taillis qui est au nord du côté de la rivière, sur la pente presque verticale du coteau, où les sentiers sont si rapides qu'il faut souvent s'accrocher aux branches et aux racines mousseuses des chênes et des ébéniers.

Entrons dans la maison par une terrasse décorée de piliers à l'italienne surmontés de vases de géraniums. Nous sommes dans un salon dont le modeste ameublement serait loin d'annoncer l'aisance, sans l'extrême propreté qu'on y remarque. La tenture est un de ces vieux velours de coton à dessins en arabesques, comme on en faisait il y a cent ans; quant aux grands et lourds fauteuils de chêne revêtus de tapisseries à figures et à paysages représentant les saisons en costume du temps de Louis XIV, il est facile d'en assigner la date. Sur une assez belle cheminée en marbre factice, qui peut bien remonter aux premières années du gouvernement parlementaire de 1830, est une pendule de bronze dont le sujet mythologique et guerrier rappelle évidemment le goût dominant au temps de l'empire français. Je ne poursuivrai pas cette sorte d'inventaire d'un pauvre mobilier; il vaut mieux jeter les yeux du côté du levant par la grande porte vitrée : là se découvre une vue qui vaut mieux que les ameublemens les plus somptueux. A droite, des coteaux boisés, de vertes pelouses et des rochers dans les clairières, des éboulemens et des sentiers sablonneux, des grottes creusées dans le tuf, enfin une nature âpre et agreste à la Ruysdaël, surtout dans la saison où les feuilles sentant s'approcher leur chute, prennent, comme de bizarres déguisemens, tant de teintes diverses : les unes jaunissantes, les autres rougeâtres ou amaranthe, selon l'espèce des arbres. A gauche, la belle vallée d'Anjou, si riche, si plantureuse, si remplie de maisons, de villages, de bourgs, de villes, de fabriques, bornée par des collines qui s'éloignent en se fondant en un horizon légèrement violet.

Mais en face on a mieux encore, on a la Loire, la belle Loire, avec ses sables d'un jaune de froment mûr pour la moisson, ses jolies îles couvertes de saussaies en taillis dont la verdure tendre aux reflets argentés leur donne l'air de fragmens de tapis peluchés et soyeux; puis la vaste prairie que bordent de longs rideaux de peupliers; puis au loin la *gente et bien assise* ville de Saumur, comme dit la vieille chronique, ses beaux ponts, ses clochers, ses moulins à vent sur la hauteur, et son ancien château converti en une bruyante manufacture, ainsi que son ancien quartier de cavalerie, où l'on construisit, au siècle dernier, des chars de guerre à vapeur; puis l'œil revient encore sur la Loire, toujours la Loire, qui coule si près du coteau qu'on croit la voir à ses pieds; la Loire, jadis la plus capricieuse, la plus trompeuse des rivières de France, aujourd'hui devenue traitable et docile sans cesser d'être belle, et se laissant naviguer en toute saison, grâce aux patiens et immenses travaux qui ont dirigé son cours et creusé son lit. On y contemple toujours ces suites majestueuses de longues voiles qui, s'épanouissant au souffle du *vent de mer*, s'avancent resplendissantes au soleil comme les blanches robes des jeunes filles à la procession de la Fête-Dieu ; mais plus qu'autrefois, on voit sillonner le bienfaisant fleuve par ces hardies machines flottantes qui roulent bruyamment sur les eaux, en vomissant une noire colonne de fumée comme les dragons de la fable.

Quelque préoccupé que soit Philirène, par la contrariété du retard apporté à son voyage (en effet, les notables avaries qu'a essuyées l'hirondelle exigent que l'équipage reste à terre un jour pour les réparer), il ne peut s'empêcher de s'abandonner à toute l'admiration qu'un si luxuriant tableau ne manque point de faire naître. Après l'avoir témoignée à ses hôtes dans le langage d'un enthousiasme de bonne compagnie, il dit à Eupistos : Voilà un ermitage comme j'en souhaitais un l'autre jour.

— Et moi aussi, lui répond son ami en riant, je m'accommoderais bien d'une pareille solitude, où la présence de l'homme se montre de toutes parts.

— J'avoue qu'aujourd'hui on ne peut loger ici qu'un ermite de civilisation; mais il me semble que je m'y serais plu même au temps où ce coteau était moins habité.

— Quoiqu'à peu de distance de nombreuses habitations, nous jouissons ici de tous les agrémens de la solitude, dit l'hôte, respectable vieillard que les deux voyageurs commencent à observer avec intérêt et discrétion.

Ils apprennent bientôt que c'est l'ancien instituteur du village, qui vit dans cette jolie retraite avec sa femme, également vouée comme lui autrefois à l'instruction primaire, sa fille, son gendre, et deux petits enfans déjà en âge de prendre part aux travaux de la campagne. Cette famille trouve dans les produits variés de l'enclos et de quelques ares qui en dépendent, des ressources suffisantes pour une existence sinon brillante, du moins honnête; et le petit revenu que les bons patriarches de la pédagogie se sont assuré sur la caisse d'épargne y ajoute de quoi la rendre heureuse. Ils ont un fils et une bru qui les ont remplacés au village dans leurs fonctions enseignantes, et dont l'unique enfant, jeune fille de vingt ans atteinte des pâles couleurs, se trouve dans ce moment-ci chez ses grands parens, pour y recevoir des soins qu'aucune occupation ne peut distraire et dont l'air vif et pur de Sainte-Radegonde, doit augmenter l'efficacité.

J'ai dit qu'il y a trois ou quatre hectares de terrain dépendant de cette maison. Au point où en est le morcellement du sol, c'est la plus grande propriété de la commune. Il est vrai que c'est un domaine communal, destiné aux instituteurs et à leur famille dont le pasteur fait ordinairement partie.

Après avoir fait servir des rafraîchissemens à ses hôtes le vénérable instituteur les prie de l'excuser s'il les quitte un moment. Mais sa bien-aimée petite fille est endormie dans un cabinet voisin, et il doit aller voir comment elle se trouve.

XI

LA FILLE
DE L'INSTITUTEUR.

Il y a en nous une double existence.
Psychologie et *Physiologie*.

Un mari, un mari, un mari.
MOLIÈRE.

XI

La Fille de l'instituteur.

Depuis que le magnétisme est devenu principalement la médecine de famille (1), ses

---

(1) Il paraît que tel est l'avenir du magnétisme : on n'a point encore entrevu l'avenir de l'homéopathie qui ne doit pas être moins brillant, selon toute apparence.
Note de l'éditeur.

inconvéniens se sont fait moins sentir et ses avantages mieux apprécier. Un mari qui donne ses soins à sa tendre moitié, un père à sa fille chérie, obtiennent des résultats plus sûrs que des étrangers, et sans les périls que ce mode curatif, si délicat, porte avec lui. Et quels touchans tableaux cela produit ! Combien les liens de la famille en sont-ils plus resserrés ! Peut-être n'en dirais-je pas autant des liens du mariage ; car il arrive parfois que les maris découvrent par le somniloquisme de leurs chères épouses, des secrets dont la connaissance n'était point nécessaire à leur repos ; aussi conçoit-on aisément la résistance obstinée de beaucoup de femmes à se soumettre à cette thérapeutique conjugale.

Une jeune fille est endormie dans un antique fauteuil à bras et à long dossier ; sa pose est gracieuse, sa taille est svelte et ses pieds fort mignons se détachent joliment sur le velours rouge d'une chaufferette. Deux rangées de ces longs cils noirs, auxquels les ailes de corbeau serviront éternellement de comparaison, s'étendent au-dessus de joues un peu amaigries, ou un poète d'Asie dirait que la jonquille et le souci ont supplanté les lys et les roses. Mais les traits délicats et gracieux de la jeune malade indiquent assez combien elle doit encore avoir de charme surtout quand sa physionomie est animée par deux yeux qui ne semblent pas devoir être médiocrement fendus.

— Eh bien, Eudoxie, dit le vieillard en entrant, as-tu songé à l'infusion que tu voulais te prescrire? Vois-tu maintenant les plantes dont nous la composerons.

— Oh! mon Dieu, non, cher grand-papa, je ne me suis point occupée de moi. Depuis un quart-d'heure, tout en dormant d'un sommeil calme et salutaire, je ne songe qu'à ces étrangers qui viennent d'arriver ici,

Savez-vous que vous avez chez vous un grand et illustre personnage?

— Vraiment! Je m'en étais douté à son langage et à son air. Qu'as-tu donc vu?

— Mais j'ai vu qu'il arrive de l'autre hémisphère, de Benthamia, où il a siégé sur un fauteuil placé à la pointe d'un rocher; il était là parmi des hommes venus de tous les points du globe, et j'ai vu qu'il les présidait. Ce doit être le fameux Philirène.

— Je le pense comme toi, d'après ces indices. Veux-tu que je le fasse entrer ici?

Eudoxie vivement: Non, non; je ne veux pas qu'il me voie comme cela pour la première fois.

Eh! que t'importe? ma pauvre enfant.

Oh! mon Dieu! Je ne puis dire. Je ne vois nullement sa personne visible, mais je me trouve étonnamment en rapport avec sa personne morale, je ne sais pourquoi. Comme je lis dans sa pensée!

Elle se met à pleurer.

— Qu'as-tu donc, chère Eudoxie? Ne cache rien à ton grand père, à l'un de tes meilleurs amis.

— Comme cette intelligence me plaît! Mais l'âme manque un peu de chaleur, et il me semble que je lui en donnerais. (Ses joues se colorent légèrement.)

— Qui te fait penser cela? mon enfant.

— Je ne saurais le dire; ce sont des idées folles et rapides qui me passent par la tête. Je vois qu'il est un peu aimé par une bien jolie personne, oui un peu, mais pas assez : pas comme je.... Oh! elle ne le comprend pas, c'est au-dessus d'elle. Eh! mais on l'emporte bien vite, où va-t-elle? Je vois cela tout trouble. (Elle se frotte l'orbite des yeux, puis pose la main sur son front et après un instant de profonde attention, elle dit) : Cher bon papa, ne manquez pas de l'avertir que le chef des pirates peut lui faire d'importantes révélations. Cela va bien l'affliger ; mais il faut qu'il le sache. Malheureux Philirène! il m'intéresse bien.

— Il ne faut pas trop fatiguer ton attention de ce côté, chère enfant. Et cette tisane, comment la veux-tu ?

Eudoxie, avec un léger mouvement d'impatience : — Oh! mon Dieu! bon papa, la tisane, je sais qu'elle me fera du bien. Mais... Oh! je ne dirais jamais cela si j'étais réveillée; je n'oserais même le penser.

Le vieillard, avec une tendre inquiétude : — Je m'en doute, ma pauvre Eudoxie.

— Je le sais bien. Vous voyez que toute ma maladie est dans mon cœur, ce cœur inoccupé, attristé. Oh! si j'étais aimée, aimée comme je suis capable d'aimer! Mais c'est ma faute; j'ai voulu m'élever trop au-dessus de ma situation. J'ai trop cultivé mon intelligence ; j'ai poussé trop loin les talens, trop pour une simple villageoise, car je ne suis que cela, cher grand-père. J'ai dédaigné les jeunes gens qui auraient pu songer à moi, je les ai éloignés par un peu de hauteur; j'ai eu tort, j'en serai peut-être punie. Oh! de grâce! ne me parlez pas de tout cela, quand je serai réveillée.

Le bon grand-père laisse encore dormir quelque temps sa petite-fille, puis la réveille à son retour d'une promenade dans l'enclos. Les voyageurs qui l'ont parcouru avec lui rentrent pour dîner. Leur hôte, par une discrétion d'homme bien élevé, n'a point troublé leur *incognito*, qui n'existe plus pour lui : toutefois, des égards plus marqués peuvent leur faire croire qu'on l'a pénétré. Le vieillard s'est borné à donner l'avis dont il était question tout à l'heure, à Philirène, qui, soupçonnant tout naturellement l'origine onirophantique de cette information, n'en est nullement étonné, et se dispose à la mettre à profit.

Toute la famille demi-lettrée, demi-rustique de l'instituteur émérite, est réunie pour le dîner ; on se met à table, et il prononce à haute voix la prière à laquelle tout le monde répond : *Amen.* Le patriarche ne fait point une longue apologie pour l'extrême frugalité du repas qu'il offre d'un excellent cœur. Il est clair que ces bonnes gens n'ont de ressource en pareil cas, que leur basse-cour, leur jardin et leur cave. Les mets sont ceux de leur ordinaire, sauf quelques entremêts sucrés, auxquels les deux vaches de l'étable ont apporté le tribut d'un lait très-frais. La pièce de résistance est un gros dinde, accommodé tout simplement aux truffes, qui se multiplient considérablement dans les terrains sablonneux, depuis qu'on a découvert le moyen de reproduire ce tubercule si précieux pour l'engrais des porcs.

Bref, ces pauvres gens ont fait ce qu'ils

ont pu, et Philirène qui est l'homme le plus sobre du monde, s'accommode infiniment mieux de ce dîner champêtre, que de tous les galas qu'il a dû subir chez les gastronomes Benthamiens.

Eudoxie, qui lui a été présentée et dont il a remarqué la grâce modeste, lui accorde de son côté un peu moins d'attention qu'à son secrétaire. Chose singulière! elle qui tout-à-l'heure dans son rêve n'était préoccupée que de Philirène, c'est avec Eupistos qu'elle aurait plus de *sympathie extérieure*. Il y a donc aussi la sympathie intérieure? C'est toujours un monde qui reste à découvrir, malgré les travaux des physiologistes allemands. Lequel des deux, de Philirène ou d'Eupistos, est celui que la nature aurait le plus particulièrement destiné à Eudoxie? Lequel la rendrait le plus complètement et le plus long-temps heureuse? Et auquel des deux conviendrait-elle le mieux? Voilà ce que ni vous, ni moi, nous ne savons encore, et peut-être ne le saurons-nous jamais. Et pendant que Philirène court d'un hémisphère à l'autre après une fiancée quasi-princesse qu'on lui enlève, voilà peut-être auprès de lui la fille d'un instituteur de village qui serait la femme faite pour le comprendre et l'aimer ! Et la triste Eudoxie se retrouvera-t-elle jamais avec ces deux hommes, ou bien restera-t-elle sur son coteau de la Loire, pauvre fleur languissante, qui bientôt se desséchera, puis bientôt tombera, sans avoir été, je ne dirai pas cueillie, mais à peine vue et respirée !

XII

UN DINER RUSTIQUE.

Ils ont cru devoir brusquer le siècle. Apparemment il a fallu que la littérature passât aussi par un régime révolutionnaire pour se régénérer.

Extrait de l'histoire littéraire du 19° siècle, édition de 1940.

XII

Un Diner rustique.

Pendant le dîner, la conversation est générale et animée sans être bruyante, parce que personne n'y prend part indiscrètement. C'est à l'étranger qu'on fait les honneurs, et c'est dans ses questions que chacun prend la mesure du plus ou du moins qu'il doit parler. La portion exclusivement agricole de la famille, se compose de gens simples, mais sensés, qui ne parlent que de ce qu'ils savent, excellent moyen de ne pas dire de sottises. Philirène met le gendre du patriarche sur le chapitre de l'industrie agricole du pays. Il ne le trouve ignorant ni en physique ni en chimie, ni en histoire naturelle; et les femmes ont de ces sciences toute la teinture nécessaire pour l'économie domestique.

Mais c'est surtout la conversation de l'instituteur retraité qui charme Philirène par sa variété, son bon goût et la solidité d'instruction qui s'y laisse voir sans apparence de pédanterie. Après avoir montré qu'il est à la hauteur des questions sociales et au courant des grands intérêts que l'on discute aujourd'hui dans le monde, il ne parle pas avec moins de pertinence et de bon sens des principales littératures de l'Europe et de celle de la France. Il dit des choses assez raisonnables, notamment sur la littérature qui prédominait à une époque de la première moitié du dix-neuvième siècle.

« Je ne loue ni ne blâme, dit-il, cette littérature maladive, nerveuse et presque épileptique : je cherche seulement à l'expliquer. On voit que ces gens-là faisaient des efforts prodigieux pour retenir la poésie des temps intermédiaires qui semblait chassée par le positif de la civilisation. Pour la sauver, ils imaginaient de l'outrer, de l'enfler au-delà de toute mesure, d'en faire un Adamastor devant lequel le prosaïsme de la civilisation fût forcé de faire rebrousser ses vaisseaux ; ou bien, au milieu du relâchement dans les croyances et de la soif des jouissances matérielles, ils se laissaient aller à la corruption du temps et prostituaient la poésie encore pour la sauver. L'intention était bonne, et j'avoue que de grands talens se sont dévoués pour l'accomplir.

— Je voudrais bien savoir, dit timidement Eudoxie, si le besoin d'émotions terribles que font supposer les livres de ce temps, n'était pas tout-à-fait de la façon même des auteurs. La bonne compagnie agissait-elle comme leurs personnages?

— Oh? mademoiselle, dit Eupistos, s'il en eût été ainsi, les hommes de ce temps eussent été des fous, tantôt ennuyés, tantôt furieux, et les femmes des créatures bien bizarres. Je crois, comme vous, que les mœurs de cette époque valaient mieux que sa littérature ne tend à le faire croire. Quant à ces jeunes gens qui se donnent les airs d'être blasés sans avoir même fait le tour du monde, et risqué leur vie une centaine de fois dans l'atmosphère, je les trouve fort amusans.

— Je voudrais savoir aussi, reprend Eudoxie, si le jargon qui succéda à la sensiblerie emphatique de l'école de Rousseau et au mysticisme romantique en vogue sous la Restauration, était le langage de la société. Parlait-on ainsi dans les salons?

— Ne soyons pas trop sévères, dit Philirène : Cette littérature a été nécessaire; je partage sur ce point l'opinion de notre vénérable hôte. Il a fallu frapper fort pour obtenir l'attention d'esprits distraits et indifférens, et amener violemment les Français à la poésie, comme Sylla prétendait conduire les Romains à la liberté. C'est ainsi qu'on a préparé la voie à nos grands poètes du vingtième siècle, à nos poètes de l'avenir qui justifient ce nom de vates attribué au poète comme au prophète.

La conversation se prolonge une partie de la soirée en parcourant différens sujets. Puis Eudoxie se met au mélocorde et improvise, sur des thèmes que lui fournissent les voyageurs, de poétiques et mélodieuses compositions en français, en italien ou en grec moderne. Enfin au moment de se retirer, la famille réunit ses voix en un chœur religieux dont l'exécution doit être bien satisfaisante, pour plaire à un connaisseur aussi difficile que Philirène, ancien habitué de l'opéra de Constantinople.

Avant de se séparer de ses hôtes, Philirène s'informe du moyen le plus commode pour se rendre à Saumur, afin d'y faire sa déposition en justice et d'entendre les révélations des pirates.

— Les procédés de la civilisation pénètrent bien lentement dans nos campagnes, dit le vieillard : notre école, notre salle d'asile et de concert, les rues de notre village, tout cela n'est encore éclairé qu'au gaz de résine, et l'omnibus de Nantes à Saumur par Gennes, ne passe que d'heure en heure. Mais notre chemin de fer de la rive gauche est en assez bon état, et vous arriverez à la ville dans dix minutes. (1)

Je ne dirai point les adieux pleins de cordialité des voyageurs et de leurs hôtes. Le lecteur supplée ces choses-là. L'instituteur émerite leur présente son modeste album en s'excusant sur son indiscrétion. Philirène, avec la meilleure grâce y inscrit son nom et sa devise : *Gloire à Dieu, et paix aux hommes de bonne intention.*

(1) C'est un plaisir si l'on songe qu'en l'an de grâce 1834 la route n'était pas même faite.

XIII

UNE RÉSOLUTION.

Minima de maiis.

Entre deux maux il faut choisir le moindre.

La civilisation s'étend par l'exemple, et se défend par la force.
Anonyme.

XIII

Une Résolution.

Le chef des pirates, dans l'espoir d'être traité avec indulgence, n'a point fait difficulté d'avouer à Philirène qu'il fait partie de l'immense bande aérienne que commande le fameux Aëtos, et dont le quartier-général est dans le Caucase. La prétention de se faire considérer, lui et les siens, comme prisonniers de guerre échangeables, est aussi pour quelque chose dans cet aveu. Il a parlé peut-être avec exagération des grands armemens de son chef qui s'est fait proclamer *Empereur des airs,* et se dispose à prendre l'offensive. Enfin, il a déclaré qu'il avait eu mission spéciale pour s'emparer de Philirène, et que, pendant ce temps, un aigle du premier rang croisait entre la Sicile et Carthage, avec l'ordre d'enlever la sultane Mirzala. Il ne pouvait dire si cette opération délicate avait réussi; mais il savait que le chef suprême y attachait tant d'importance qu'il était peut-être allé en personne pour la diriger.

Ces subites informations n'ont pu manquer d'agiter fortement Philirène. Dès que l'hirondelle est en état de prendre essor, il cingle vers Marseille, assez bien secondé par un vent de nord-ouest qui règne fréquemment en France. Il espère trouver dans ce port soit un convoi aérien, prêt à partir pour la Sardaigne ou pour l'Afrique, et à défaut d'une telle occasion, pour arriver à son but vîte et sans s'exposer maladroitement aux entreprises des audacieux croiseurs, il s'embarquera sur le paquebot de Carthage. C'est ce dernier parti qu'il est obligé de prendre. En touchant à Cagliari, il apprend qu'une tentative hardie a été faite à Carthage, par un oiseau de proie, et il se rembarque avec un serrement de cœur. Quelques heures après, il est devant Politée qui lui a confirmé son malheur dans toute son étendue.

Quand nous expliquera-t-on enfin ce que c'est que l'amour? C'est souvent une modification de l'égoïsme ou de la vanité; c'est d'autres fois un bizarre esprit de contradiction, le désir de triompher d'un obstacle. Elle ne m'aime pas; eh bien! je veux qu'elle m'aime; je ferai tant qu'elle m'aimera. — On s'oppose à ce qu'elle soit à moi, on me l'enlève : Eh! bien, elle sera à moi, je saurai la reconquérir. Voilà comme raisonnent des gens qui sont souvent fort calmes dans leurs amours, et même qui n'y songent pas beaucoup lorsqu'elles ne sont pas traversées.

— Eh bien! mon pauvre Philirène, vous voilà donc enfin amoureux! Il vous fallait donc cela?

— *Enfin!* le mot est un peu dur de votre part, belle Didon, lui répond Philirène, qui, au degré d'intimité où ils sont dès long-temps, peut se permettre avec elle cette familière allusion, et dans leurs entretiens mêle quelquefois une légère teinte d'ironie, qui pourrait bien être du dépit.

— Oui, *enfin*, dit Politée qui a légèrement rougi. Convenez, mon ami, que vous étiez un peu bien tranquille sur votre mariage, et que vous confirmiez par trop exactement mon aphorisme : qu'il est impossible à un sceptique d'être amoureux, dans le vrai sens du mot.

— Oui, j'en conviens et je m'en accuse ; j'étais un misérable indigne d'elle. O ma chère Mirzala ! ma petite sultane ! ma jolie *fleur de rosier* (1) !

Et il frappe violemment son front de ses mains ; et les sanglots.... non : il faut dire la vérité ; il n'est point étouffé par les sanglots ; ses yeux sont seulement un peu humides ; mais peut-être les larmes qu'il retient sont plutôt d'indignation que d'amour.

Toutes les femmes vont dire : Est-ce que c'est là un héros ? Ah ! le beau héros que voilà ! Et l'on prétend que nous nous intéressions à une pareille espèce d'homme ? Oh ! vraiment, c'est bien peu nous connaître.

(1) C'est le sens du joli nom de Mirzala.

Eh ! mon Dieu, que voulez-vous que je vous dise ? Le voilà tel quel ; il est comme cela. Je n'y peux rien. Mettons que ce n'est point un héros, que c'est tout bonnement un homme comme il y en a beaucoup, et ne vous y intéressez pas, si cela vous est impossible. Mais je vous demande en grâce d'avoir pour lui quelque indulgence, et de consentir à le supporter. Après tout, vous verrez qu'il a du bon. Et puis, je vous promets un héros de votre goût.

Politée examine Philirène avec les yeux pénétrans des femmes de son âge qui connaissent le monde, et reprend ainsi :

— Eh bien ! mon cher Philirène, je maintiens mon axiôme : un sceptique, par organisation surtout comme vous, ne peut être réellement amoureux.

— Moi, je vous jure que je le suis : vous allez finir par m'impatienter, chère Politée.

— Tant pis, ou plutôt tant mieux ; car

je serais charmée de vous voir de bonne foi en colère pour ce sujet-là. Mais je dis que pour être amoureux, il faut croire à quelque chose bien vivement, ne fût-ce que pendant un temps fort court. Il faut croire ou qu'on est aimé ou qu'on aimera toujours; chimères sans doute, mais enfin point d'amour sans cela.

— Je vous avoue, Politée, que de telles chimères comme vous dites bien, détruites par l'expérience de chacun et de chaque jour, ne peuvent m'entrer dans la tête. J'ai toujours peine à croire à la durée d'un sentiment que le premier défaut de confiance, souvent la première sensation désagréable suffisent pour affaiblir, et qui, de découverte en découverte, finit par s'évanouir tout-à-fait. Je n'éprouve pas autant qu'un autre cet entraînement qui nous aveugle sur l'objet que nous aimons et sur nous-mêmes, qui nous inspire une foi entière et nous porte au sacrifice illimité. Je me vois trop parfaitement tel que je suis pour me faire illusion ; je ne puis me persuader qu'un être inconstant, indécis et presque insaisissable comme moi, soit jamais l'objet d'une passion sérieuse, si ce n'est de la part d'une femme qui n'ait pas la tête bien rassise. Mais s'il est vrai, comme vous me l'assurez, que Mirzala songe quelquefois à moi, qu'elle soit disposée à m'aimer un peu.... Oh ! mon Dieu, cela pourtant n'a rien qui doive bien flatter mon amour - propre, puisqu'elle ne connaît d'autre homme que moi au monde....

— Malheureux esprit, interrompt Politée, toujours ingénieux à se détourner de croire à quoi que ce soit.

— Laissons cela, pardon ; eh bien ! Je dis que si vous m'avez parlé vrai, (et j'ai toute confiance en vous) je suis si touché, si reconnaissant des sentimens de cette charmante enfant, que pour l'en convaincre, je suis prêt à sacrifier ma vie, à faire plus, à la changer tout entière, à prendre une vie contraire à mon éducation, à mes habitudes, à mes goûts, à mon tempérament, à mes principes, enfin, je suis prêt à faire la guerre.

Est-il possible ! s'écrie Politée en se levant avec vivacité. Est-ce bien le sage Philirène qui parle, celui qui a reçu solennellement à Constantinople le beau nom d'*ami de la paix?* (1)

— Oui, c'est-lui-même; mais vous savez, mon amie, qu'aucun principe n'est absolu, et que pour en faire prévaloir un quelconque, il faut souvent le ployer, le modifier, le détourner de sa direction essentielle. Ainsi, ce n'est souvent que par la guerre, qu'on peut assurer la paix; moi donc, pa-

(1) Il faut peut-être dire à nos lectrices que telle est la traduction du nom de Philirène.

cifique par caractère, et autant qu'il est en moi par conviction, moi Philirène, qui ai voué ma vie entière au triomphe de la paix, je vais commencer une guerre terrible contre cet ennemi.... contre ces ennemis du repos de l'humanité. Ils ne savent pas à qui ils auront affaire ; ce n'est pas un guerrier qui va se mesurer contre eux. C'est un homme qui ne cherche ni les jouissances du pouvoir, ni celles de la gloire; mais qui se met au service d'une idée, de la civilisation contre la barbarie, de l'ordre contre le chaos ; c'est un homme qui saura animer les autres hommes de son esprit, parce que le désintéressement a quelque chose qui se fait toujours sentir, qui n'échappe jamais à l'instinct des masses. Ils ont à leur solde toutes les viles passions, tous les ignobles appétits de notre nature; je remuerai contre eux les nobles sentimens, les vrais intérêts. Ils déploieront de la bravoure, je leur montrerai du sang froid et je saurai soulever, mieux qu'ils ne le peuvent faire, l'immense levier de la science.

— Savez-vous, Philirène, que voilà un mouvement superbe; mais l'amant n'y paraît plus autant, et je commence à n'y voir que le philosophe.

— Vous avez raison, dit Philirène, un peu confus de l'observation. Mais, voyez-vous, nous ne sommes jamais mus par un motif unique et sans alliage; tout se mêle un peu dans ce monde. Je vais vous parler à cœur ouvert. Sans l'amour, je n'aurais pas pris si promptement mon parti; mais une fois mon parti pris, je ne suis pas fâché de laisser la philantropie s'en faire honneur. Vous savez bien, Politée, que je suis d'une franchise peu commune; je me laisse voir à jour, et c'est peut-être pour cela que je ne réussirai jamais auprès des femmes, qui veulent toujours de l'illusion, qui ont toujours besoin d'être trompées.

— Hélas! Ce n'est que trop vrai, dit Politée en comprimant un soupir. A présent abordons les moyens, traitons les questions d'affaires. Quel est votre plan ?

— En premier lieu, je compte sur toutes vos ressources en finances et en matériel de guerre, comme sur les miennes. En effet, cela vous touche autant que moi, Politée. Il s'agit de venger votre honneur tout comme le mien. Nous n'en pouvons plus douter; le fameux chef des polygames et des brigands, Aëtos, c'est lui.

— J'en suis certaine à présent. Mais je suis loin de songer à une vengeance indigne de moi, après avoir suffisamment exercé celle du mépris. Ce que je dois venger, c'est une insulte faite dans mes domaines, sous mes yeux, à ma sœur, à mon amie, par d'infâmes forbans. Ce que je dois vouloir, c'est la délivrer, la rendre à sa liberté, à ses affections.

— Bien, comme vous voudrez; pourvu que le résultat soit le même, dit Philirène, en lançant sur la belle délaissée un regard voilé mais fin.

— Vous ne pouvez résister à l'envie de désenchanter les autres comme vous-même. Laissez-moi donc au moins l'illusion de mon indifférence, si c'est une illusion.

— Soit, je la respecte. Ce sera moi qui attaquerai Philomaque, votre mari, et vous, vous n'attaquerez que les ravisseurs. Mais nous avons affaire à forte partie. Tandis que je faisais de belles phrases au congrès de l'isthme, et que je montrais la situation du monde bien plus en beau que je ne la voyais réellement, suivant l'usage officiel de tous les temps, savez-vous qu'il se faisait proclamer *empereur de l'atmosphère?*

— Oui, je viens de l'apprendre. Nouvelle folie!

— Tant qu'il vous plaira; mais cela

prouve que ses forces sont considérablement augmentées. S'il est vrai, comme on le dit que toutes les hordes des Tartaries, tous les soldats licenciés des dernières guerres de l'Hindostan contre la Chine, et des Mongols contre l'Hindostan, lui arrivent de toutes parts, ainsi que les peuplades voisines de la mer Caspienne; s'il est vrai qu'il ait une flotte sur cette mer, et une étendue de territoire suffisante pour assurer ses subsistances; s'il est vrai que son matériel aérien soit considérablement augmenté par des envois de tous les points de l'Europe, soit en nature, soit en argent, et qu'il soit en état de venir quand il lui plaira, brûler quelques capitales du monde civilisé; si l'association soi-disant poétique lui prête, même clandestinement, le puissant secours de ses finances et de son influence morale; si enfin il parvient à contracter une alliance avec cette autre folle, cette virago qui a imaginé de ressusciter les amazones de la fable, et qui est parvenue à ramasser autour d'elle une multitude de fanatiques écervelées fort audacieuses et fort habiles à la manœuvre des airs; eh bien! je dis que dans ce cas, ce n'est point du tout un ennemi à dédaigner.

— Je suis loin de penser le contraire. Il n'y a donc point à s'endormir. Je veux employer toute mon influence dans l'association civilisatrice. Je vais me rendre à Jérusalem où se réunit le comité des finances.

— Et moi je dois aller à Athènes auprès du comité militaire, auquel j'exposerai mes plans. Notre rendez-vous doit être à Constantinople où l'immensité des ressources de toute nature nous rendra plus facile de concerter nos moyens d'action. Nos subsistances et nos munitions sont assurées dans le fertile royaume de l'Asie-mineure et la riche Ilion, sa capitale. Pour détruire le principal guêpier qui est dans le Caucase, nous prendrons la hauteur de Trébizonde et le mont Ararath pour centre d'opérations, et nous porterons notre avant-garde sur Colchos, sur la terre classique des dragons volans, et sur le lieu même où la terrible Médée fit la connaissance de l'infidèle Jason. (Politée se mord la lèvre.) Voilà pour la partie atmosphérique; quant à l'invasion terrestre que Philomaque médite peut-être par le Khorazan, nous n'avons pour la repousser d'espoir que dans les forces militaires du sultan constitutionnel de Babylone. Son intérêt est assez engagé dans la question pour qu'on puisse compter sur lui; il y va de l'existence de son empire.

Ils ont continué ainsi à causer de leur plan de campagne; et dans cette conversation Politée fait preuve de connaissances statistiques très-étendues qui ne seront point inutiles à l'accomplissement du projet commun.

Quand ils sont séparés, Politée songe à l'homme qui l'a dédaignée, délaissée, et dont elle ne veut pas se venger, comme le voudrait une femme vulgaire ; non, son ame est trop haute pour cela. Mais elle voudrait le voir vaincu, hors d'état de faire d'autres victimes, elle voudrait surtout lui montrer qu'elle n'a aucun ressentiment personnel, qu'elle vit parfaitement heureuse sans lui, qu'elle l'a oublié…. Tout cela est-il bien vrai ? Du moins elle le croit sincèrement.. Mais quand on a tant à cœur de prouver de pareilles choses, c'est qu'elles ne sont pas tout-à-fait vraies. Et puis l'idée que son mari s'est fait empereur traverse rapidement son esprit, et ce n'est pas sans un mouvement de dépit qu'elle y songe ; quoique femme supérieure elle est toujours femme.

Philirène de son côté, tout en roulant ses projets, se demande ce que devient sa tendre Mirzala, sa suave fleur de rosier.

Il faut convenir qu'elle est terriblement exposée dans les mains d'un homme qui ne respecte pas grand'chose, et qui a pris le turban pour rétablir la polygamie, la plus essentielle, selon lui, des pratiques de l'islamisme.

XIV

—

L'ASSOCIATION POÉTIQUE.

« *Andando mas los tiempos, y creciendo*
» *mas la malicia*, etc.

« La malice des hommes croissant avec
» le temps, on institua la chevalerie
» errante pour protéger les demoiselles,
» les veuves, les orphelins. »

..... Les chévriers écoutèrent cette longue et inutile harangue tout ébaubis, et sans repondre un mot. Sancho mangeait des châtaignes et visitait l'outre.

El incomparable Don Quixote.

XIV

L'Association poétique.

Quoi qu'en puissent dire les esprits chagrins qui persistent à croire que depuis le commencement des temps, l'humanité n'a fait que tourner dans le même cercle, s'élevant de la barbarie à la civilisation, et puis retombant de la civilisation à la barbarie, pour ne pas parler des pessimistes moins nombreux qui vont jusqu'à penser que tout, hommes et choses, se détériore de jour en jour ; que les races, par exemple, sont moins belles qu'alors qu'elles étaient plus rapprochées de leur type primitif; que les fleuves sont moins beaux depuis que la canalisation leur a fait quelques saignées; que les montagnes ne lèvent plus une tête aussi fière, et que les poires et les pêches sont moins bonnes quoique plus grosses ; en dépit, dis-je, de ces tristes systèmes, le progrès existe et continue : cela éclate comme le jour.

Ainsi n'est-ce pas une évidente amélioration politique et sociale, que les gouvernemens aient tous renoncé à leurs armées de terre et de mer; que les impôts se soient presque réduits à des cotisations locales destinées à pourvoir aux dépenses administratives, sauf, dans les grandes agrégations politiques, quelques fonds communs pour dispenser la vie et l'aisance aux parties languissantes du tout, et pour subvenir aux dépenses générales et indispensables du gouvernement? De la sorte les grandes entreprises soit de colonisation, soit de guerre philantropique, ont été soutenues et dirigées par l'esprit public, et par les forces, les ressources collectives, de tous ceux qui, dans le monde civilisé, ont pris intérêt à telle colonisation, ou se sont passionnés pour le triomphe de tel principe. C'est l'association qui à la place des gouvernemens s'est chargée des expéditions lointaines, et c'est la souscription qui a soudoyé les flottes et les armées. Il en est résulté que l'impôt n'est plus exigé que pour des dépenses dont l'utilité se fait sentir directement du contribuable, et dont le résultat est presque sous ses yeux. On ne paie plus, malgré soi, des frais de conquêtes au profit de la civilisation européenne, dont on ne profitera que dans la personne de ses arrière-petits neveux. On ne va plus se battre de force pour un intérêt auquel on est parfaitement étranger, pour une idée à laquelle on est parfaitement indifférent. Les armées ne se composent plus que de gens qui ont un but commun et qui marchent à son accomplissement avec un commun enthousiasme et un intelligent ensemble; les riches à leurs frais, les pauvres aux frais de la souscription, chacun avec l'expectative d'une part dans les bénéfices, proportionnée à sa mise de fonds et à sa coopération personnelle, s'il s'agit d'une colonisation ou d'une spéculation commerciale, tous avec la même expectative de gloire, et un dividende de reconnaissance, s'il s'agit d'une entreprise généreuse. C'est grâce à ces puissans moyens que la civilisation européenne a fait des prodiges de colonisation dans les deux hémisphères depuis près de deux siècles, et que l'œuvre de l'abolition de l'esclavage politique et domestique a été achevé après tant de guerres soutenues avec une admirable persévérance.

Mais les moyens imaginés pour un but louable ont souvent été mis au service d'intentions tout opposées. C'est ainsi que les opinions anti-progressives et anti-civilisatrices se sont emparées de l'association et de la souscription pour lutter contre le mouvement de la société européenne, l'arrêter et le faire rétrograder s'il est possible. On sait à quel degré d'importance s'est élevée l'association dite anti-prosaïque universelle, à laquelle se sont affiliées les diverses sociétés fondées dans le même esprit chez toutes les nations du monde.

Il y a environ un siècle, l'aristocratie anglaise frappée mortellement par l'abolition de la pairie héréditaire, réunit ses débris et forma ce qu'on appelle le noyau, fut la pierre angulaire de cette vaste association.

Cette initiative lui appartenait à tous égards, car on ne pouvait nier qu'elle ne fût la première aristocratie de l'Europe, celle dont les titres étaient les plus authentiques, celle qui avait joué le rôle politique le plus glorieux.

Les autres aristocraties n'ont pas manqué de suivre son exemple et de se grouper autour d'elle. Mais les lois de partage des successions ont rendu si impossible la conservation des grandes fortunes dans les familles, que si ces associations ne se fussent pas sans cesse recrutées dans ce qu'on appelait alors la bourgeoisie, elles eussent fini avec le temps par se réduire à un très-petit nombre d'individus. Rien n'est plus facile à concevoir. Dès le siècle de Louis XIV, à une époque où les biens de la noblesse se transmettaient intégralement aux aînés, on avait remarqué que sur dix familles d'épée (ce qui était la seule noblesse feodale); il n'y en avait pas trois qui se maintinssent plus de deux cents ans; le reste s'éteignait ordinairement ou par la ruine des fortunes, ou faute de descendans directs, et les titres passaient à de riches bourgeois qui achetaient les terres. Les recherches généalogiques faites sur la pairie française de cette époque, par ordre du parlement, prouvent combien peu de familles parmi les plus illustres remontaient réellement au-delà du seizième siècle.

Depuis la régence, comme le premier venu qui achetait une terre s'en donnait le titre, et même comme plus tard sans acheter de terres on se procurait aisément des titres au moyen de quelques centaines de de livres tournois, on ne peut dire qu'il y eût en France un corps de noblesse titrée. Il est à peu près impossible de suivre ces filiations; les fortunes sont plus mobiles et les familles s'éteignent plus vîte que jamais;

tous les titres viennent se perdre dans la bourgeoisie.

Mais en Angleterre, où ce qu'on nommait le *peerage* était une institution politique sur laquelle toute la nation avait les yeux et dont les archives étaient tenues sévèrement, aucun titre ne pouvait être usurpé. Il était donc facile de faire dans ce pays des observations de statistique sur la durée des familles. Eh bien! lorsqu'on publia l'état de la pairie anglaise peu après la réforme de la chambre des communes, réforme qui rendit nécessaire l'introduction de nouveaux membres dans la chambre haute, tout le monde vit avec étonnement combien petit était le nombre des familles qui remontaient au-delà de trois siècles, et encore on pouvait assurer que la plupart d'entre elles se rattachaient à des alliés ou à des étrangers sur la tête desquels les titres étaient passés par faveur royale. Quant aux lords dont la pairie ne datait que du siècle précédent, et dont les ancêtres avaient été en général de célèbres avocats qui avaient rendu de signalés services au pays et à la couronne, on put se convaincre qu'ils formaient la grande majorité de la noble chambre.

Cette digression, qui aura semblé puérile à quelques lecteurs, était nécessaire pour expliquer comment il se fait qu'en France, par exemple, ceux de l'association anti-prosaïque, qui ont le plus de prétentions à l'ancienneté d'origine, ont de la peine à faire remonter la leur au commencement du XIXe siècle. Aussi, ceux qui croient descendre de cette noblesse impériale sur laquelle le faubourg St.-Germain faisait tant de plaisanteries, figurent-ils en première ligne. Après eux, viennent ceux qui peuvent rattacher leur généalogie à quelqu'une de ces notabilités bourgeoises qu'on nommait, je crois, du *juste-milieu*, qui fondèrent en France le régime parlementaire, et sur le compte desquelles le parti dit *légitimiste* s'égayait fort à son aise. Ces roturiers ayeux de nos fiers aristocrates anti-progressifs, eussent été bien étonnés, eux qu'on traitait impitoyablement de boutiquiers, et qu'on stigmatisait du nom d'épiciers, s'ils eussent pu prévoir qu'ils seraient la souche d'une si superbe postérité. Je ne doute point que cela n'eût un peu chatouillé leur amour-propre.

Laissant à part la vanité qui a été d'abord un des agens constitutifs de la grande association, d'autres élémens se sont unis pour la fortifier : des croyances religieuses qui, à tort, se sont crues menacées par le progrès, des intérêts industriels qui périclitent par l'abandon de certains usages, des convictions philosophiques, politiques, littéraires et artistiques. On voit qu'il y a dans tout cela des intentions pures, ou des motifs graves, à côté d'arrières-pensées moins respectables. Comme dans tous les partis, il y a l'honnête troupeau des gens de bonne foi, et les meneurs qui les poussent dans un but intéressé. Mais parlons sincèrement, et convenons que dans les entreprises de cette association, il y a de la grandeur.

On ne peut sans admiration, songer aux dépenses énormes qu'elle a faites en Europe et en Asie, pour sauver de curieuses ruines d'églises, de mosquées, de pagodes, de châteaux, d'abbayes, et pour conserver entiers les anciens monumens dont l'industrie était sur le point de s'emparer pour les arranger à son usage ou pour les détruire, restes précieux que les gouvernemens n'ont pas toujours le moyen de sauver, et que la négligence laisse dépérir. C'est elle qui a fait restaurer tant de beaux modèles des architectures lombarde, gothique, sarrasine, hindoue, etc., etc. C'est elle qui a fait de si grands frais, mais sans succès, pour le maintien des anciens costumes nationaux dans les campagnes, et pour sauver des dialectes qui avaient été des langues de peuples célèbres, tels que le gaélique et le basque, de l'entier abandon où ils sont tombés.

Tandis que les naturalistes nous montrent dans leurs musées des échantillons de diverses races d'hommes rouges ou cuivrés, qui ont disparu de la surface du globe, conservés dans le sublimé ou l'alcool; ou dans leurs jardins botaniques des familles de sauvages avec les habitudes de la vie des forêts et des savanes; l'association fait l'acquisition d'une multitude de curiosités physiques et de belles horreurs, qui intéressent plus particulièrement l'art et la poésie, que la science. On lit dans un des rapports de son comité des finances : « L'association compte maintenant dans ses domaines cinquante neuf cavernes souterraines, et soixante dix-sept grottes éclairées par le jour; trente-six rochers de formes bizarres ont été dérobés à la mine, et grâce à vous, quarante-trois cascades, dont plusieurs de près de cent pieds de haut, qui allaient être comme muselées, comme enchaînées par l'industrie, et ignoblement dressées à faire tourner un moulin, à fabriquer des tissus, du papier, des barres de fer ou des clous et des aiguilles, continuent de vomir leurs eaux mugissantes au fond des précipices, sans que leur blanche et noble écume soit impertinemment arrêtée par les stupides godets d'une roue. »

On a remarqué le passage suivant dans un autre rapport fait à la réunion du *stonehenge* : « L'effrayant morcellement de la propriété territoriale, qui, en Angleterre, depuis la nouvelle législation, est poussé peut-être plus loin qu'en aucun pays de l'Europe, sans en excepter la France, entraîne la disparition de tous les sites qui devaient leur effet pittoresque à une nature inculte. Déja il y a deux siècles, la forêt historique de Sherwood, séjour du Robin de la vieille Albion, était défrichée et envahie par l'orge, le houblon et le navet. Avant peu, on ne pourra plus se faire une idée de ces vastes et tristes espaces couverts de la sombre et poétique bruyère, où l'imagination du grand Shakspeare sut rendre si terrible l'apparition des sorcières de Macbeth. Tout cela est chaque année labouré, semé et moissonné par l'inévitable et imperturbable vapeur. Le comité a cru devoir en acquérir six mille acres. Mais ses efforts pour y réunir quelques lièvres n'ont pas été heureux, quoiqu'il n'ait épargné ni soins ni dépenses ; il sera absolument nécessaire d'en faire acheter dans le midi de l'Europe. Quant au renard, nous avons acquis la triste certitude que ce précieux quadrupède a disparu de notre île, preuve éclatante de la chute de notre ancienne aristocratie campagnarde ; on nous a bien apporté une femelle qui a été payée 3,500 livres sterling (ancienne monnaie); mais il a été impossible de lui trouver un mâle. »

Dans un autre rapport fait à la section anglaise de l'association, on s'exprimait ainsi : « Nous avons procédé avec une scrupuleuse attention à l'enquête qui nous a été demandée sur l'état des mines de charbon de terre dans les îles britanniques. Nous avons à offrir pour résultat de nos recherches à nos compatriotes de l'association, la perspective consolante d'un futur épuisement de cet odieux aliment de l'industrie mécanique, de ce puissant agent d'une civilisation triste, uniforme, monotone, destructive de toute vie poétique. Toutefois nous ne pensons pas que le manque de ce combustible puisse se faire sentir avant un siècle. Mais en attendant, les belles races de chevaux de trait et de selle qui furent une des gloires nationales, disparaissent peu-à-peu de notre sol, et nous avons cru devoir en faire empailler plusieurs pour les exhiber dans les musées de l'association. C'est à la fois une épigramme que nous adressons à la mécanique, et un avertissement à la nation pour qu'elle songe à l'avenir. »

XV

—

UNE DISCUSSION.

Le monde est livré à la dispute.
Écriture sainte.

XV

—

Une Discussion.

D'après ce qu'on sait de l'association anti-prosaïque universelle, on conçoit aisément que ce n'est point dans des endroits vulgaires, dans des bâtimens modernes et dépourvus de souvenirs, que ses comités tiennent leurs séances. C'est dans des abbayes, des cathédrales, des palais, des châteaux en ruines ou dans de larges cavernes. En Angleterre, par exemple, il y a eu des assemblées dans la caverne, près de Lancaster, dite *Dunald mill hole*, et au lieu où est ce vaste et pittoresque *Cromlech*, dit *la grande meg et ses filles*, monument druidique du Northumberland, formé par d'énormes blocs de grès rangés en cercle, autour d'un bloc de la plus grande dimension.

Cette fois-ci une convocation générale du *comité central*, composé des délégués de toutes les sections de l'Europe, les appelle à la fameuse caverne connue dans le *Derbyshire*, sous le nom d'*Elden hole* ou *Poole's hole*, à cause d'un brigand nommé Poole qui en avait fait son repaire.

Cette curiosité minéralogique a été adaptée avec un goût merveilleux à la destination qu'on lui a donnée ; tout ce que la nature y étale de beautés pittoresques, d'effets bizarres, y a été non-seulement conservé, mais rehaussé par des accessoires qui le rendent plus saillant. L'entrée n'en est plus basse, étroite et incommode, sans avoir toutefois perdu son ancien caractère sombre, mystérieux et terrible. La petite rivière qui la traversait a été un peu détournée pour n'être pas gênante; mais elle tombe toujours dans l'abîme qu'on ne peut considérer sans horreur. J'ai presque regret que cette cascade se trouve là, parce qu'on a déjà précédemment vu quelque chose de semblable; ce qui fait répétition. Mais enfin elle y est, et à l'heure où je parle, elle mugit encore ; il m'est absolument impossible de l'ôter. Au surplus, la pensée des décorateurs a été, dit-on, de laisser une image du gouffre où s'engloutit tout ce qui a été en honneur sur la terre. La riche tapisserie naturelle des brillantes stalactites qui ornent les parois se montre toujours aussi, et l'on a entouré d'une grille de vermeil le pilier qu'elles ont formé comme une gerbe cristallisée, et qui est devenu historique (1) depuis que l'infortunée Marie d'Ecosse, jadis détenue si long-temps dans le village de Buxton, s'est plu à s'y appuyer, pour se livrer à ses mélancoliques rêveries.

Le sol a été recouvert d'un parquet où sont étendus de riches tapis; des milliers de bougies, se reflétant et dans les stalactites et dans des glaces habilement ménagées, donnent aux assistans la satisfaction de n'être pas éclairés par le vulgaire gaz. Le costume de ceux-ci n'est pas ce qu'il y a de moins remarquable et de moins brillant dans cette singulière assemblée. C'est là que se retrouvent les riches et élégans habits du moyen-âge et de la renaissance, et les amples vêtemens orientaux abandonnés au dix-neuvième siècle, tout resplendissans du luxe des

---

(2) Scotland's queen's pillar.

diamans, des pierres précieuses et des broderies. Les femmes qui, suivant l'ancien usage, ne sont admises là que comme spectatrices, y étalent les beaux costumes qui ornaient encore les cours d'Europe, il y a cent ans, et qui se maintiennent toujours dans la plus grande partie de l'Asie.

Le personnel du comité central est, comme on le suppose, formé d'élémens assez disparates; mais les rangs y sont soigneusement distingués. Des princes souverains s'y trouvent en assez grand nombre, non au même titre que ceux qui figurent au congrès universel. Ils n'y sont pas les délégués des peuples; mais ils siégent ou par le choix des forts souscripteurs de leurs états, ou en raison des énormes cotisations qu'ils prennent sur leur revenu personnel. Ils occupent les places d'honneur, ainsi que d'illustres chefs militaires condamnés depuis long-temps à une complète inaction.

Après eux siégent des supérieurs d'ordres monastiques avec l'habit de leur règle. Ensuite viennent des poètes, des artistes célèbres et même quelques philosophes.

Personne n'a besoin qu'on insiste ici sur la haute importance de ce comité central, qui est l'une des deux grandes puissances actives de l'univers; le comité central de l'association civilisatrice, son antagoniste, rassemblé dans ce moment à Vienne, la capitale même de l'Autriche, est l'autre puissance. Le premier des deux a quelque analogie, mais sur une plus grande échelle et sauf une différence radicale dans l'organisation, avec la fameuse sainte alliance qui combattit l'esprit d'innovation politique au commencement du dix-neuvième siècle: le second a la même analogie avec la grande alliance des gouvernemens constitutionnels, qui protégea si efficacement les progrès des peuples.

Si, après avoir traversé d'épaisses haies de gardes à pied et à cheval formés par plusieurs centaines de domestiques en magnifiques habits brodés, nous pénétrons dans l'enceinte mystérieuse des délibérations, nous entendrons plusieurs des orateurs en vogue : en effet, la demande de secours faite par Aëtos, l'empereur des airs, est à l'ordre du jour. La discussion est on ne peut plus animée.

Un beau jeune homme à longue chevelure blonde, dont les boucles se jouent sur son front large et presque radieux, se lève; à son costume on voit que c'est un prince souverain; il gouverne, dit-on, un des plus beaux états de l'unité allemande.

« Sires et messieurs, dit-il, toutes les questions soumises à mon examen sont subordonnées pour moi à la grande question philosophique et religieuse. Que d'autres se guident comme bon leur semble;

là est mon pôle : la raison et la foi sont l'aimant à l'aide duquel je chercherai toujours ma voie. Aussi convaincu qu'aucun de ceux qui m'écoutent, de l'action déplorable du progrès matériel de la civilisation, il m'est toutefois impossible de m'associer aux haines aveugles qui enveloppent dans le même anathème ses progrès intellectuels et moraux, ou qui, ne reculant devant aucun moyen de combattre l'industrialisme et l'*étroitesse* démocratique, accueillent sans scrupule tous les alliés qui se présentent à eux, fût-ce le despotisme, le brigandage ou l'impiété. (Violens murmures au côté droit de l'assemblée.)

» Les murmures qui me répondent de cette partie du comité, prouvent que j'ai touché juste. Oui, messieurs, les alliés qu'on vous propose, ceux qui vous demandent des subsides, sont des despotes, des brigands, des impies. (*Bravos au côté gauche.*) Et qu'attendez-vous de cette monstrueuse alliance? Le triomphe de hordes stupides de Tartares, ou de ces femmes sans pudeur qui sous le nom d'Amazones ont organisé pour elles la polyandrie (*Chuchottemens de curiosité à la tribune des dames*); ou de ces despotes asiatiques qui veulent rétablir l'esclavage des deux sexes avec l'ancien islamisme enchaîné au texte du Koran? Moi, messieurs, je veux sur la terre le triomphe des sentimens généreux, mais non le triomphe de l'injustice ; et je ne suis pas de ceux qui prennent la barbarie pour de la poésie. Que penseraient les ombres de tant de preux chevaliers qui, pendant une longue suite de siècles, versèrent leur sang pour la défense de la foi, des opprimés et du sexe le plus délicat, s'ils voyaient des hommes se prétendant animés de leur esprit, et dont quelques-uns peuvent avec raison se dire leurs descendans, contracter alliance avec les ennemis de la foi chrétienne, de la dignité humaine, de la liberté et de la pudeur des femmes! Non, messieurs, ce n'est pas là que j'irai, moi, chercher de la poésie et de nobles émotions. Mille fois plutôt la civilisation tout entière avec ses intérêts, ses calculs, sa mécanique monotonie et sa triste uniformité, que de susciter contre elle de pareils ennemis! Pour moi, messieurs, la vraie civilisation, c'est le complet développement de la plus sublime, de la plus philantropique, de la plus universelle, de la plus morale des vérités, du christianisme. Aidons à ce développement; combattons sans relâche l'égoïsme et l'amour effréné de jouissances matérielles qui lui font obstacle, et alors nous pourrons faire triompher la civilisation toute religieuse et toute poétique que la providence, je le crois fermement, réserve à ce monde de douleurs et d'épreuve pour que l'humanité passe plus doucement à un monde meilleur. »

Cette tirade accueillie par les murmures d'une partie de l'assemblée qui paraît être en majorité, est saluée par les acclamations de l'opposition, et par les applaudissemens de la tribune des dames. Cette portion de l'auditoire, était, il est vrai, favorablement prévenue pour l'orateur par sa bonne mine, son organe sonore, et l'action pleine de noblesse avec laquelle il s'exprimait; mais en se prononçant aussi fortement contre la polygamie, il ne pouvait manquer d'enlever les suffrages féminins. C'est ainsi qu'un orateur espagnol a été vivement applaudi pour ce passage. « Au temps où la vérité chrétienne apparut au monde romain, une voix dit : les dieux s'en vont; plus tard on en dit autant des rois, quand tomba leur pouvoir absolu; si aujourd'hui l'élite de l'Europe chrétienne s'allie aux tyrans de la plus belle moitié du genre humain, à ceux qui refusant de livrer à sa foi leur honneur et la sécurité de leur amour, la tiennent ignoblement captive sous la garde de hideux geoliers victimes de soupçons atroces, qui ne la jugent capable que d'éprouver et de satisfaire les plaisirs des sens, et non contens de l'opprimer dans cette vie ne lui accordent pas même une âme (1) pour la consoler par l'espérance de la vie à venir ; alors messieurs, on pourra dire : l'amour, ce fils du christianisme et de la féodalité, l'amour s'en va.

L'orateur de la majorité qui a succédé au prince philosophe chrétien, n'était rien moins que le czar de la Russie méridionale. Il s'est bien gardé de s'adresser comme le préopinant à la raison de ses auditeurs. Il ne s'est attaché qu'à soulever leurs passions en les caressant. Il a présenté le tableau le

(1) Il faut toutefois reconnaître qu'il existe dans le koran un texte d'après lequel il est promis aux femmes fidèles à leurs maris, qu'elles resteront âgées de seize ans pendant toute l'éternité, et avec cela qu'elles auront d'autres maris que ceux qu'elles avaient sur la terre.

plus sombre de l'état social au point où la civilisation actuelle l'a conduit; il a fait habilement ressortir l'importance toujours croissante dans le monde, des riches industriels, des savans, physiciens, chimistes, mécaniciens; il a montré sous l'aspect le plus défavorable, le prodigieux morcellement de la propriété foncière, et l'égale médiocrité des fortunes non industrielles, et l'absorption presque complète de tout le numéraire, au moyen des caisses d'épargne, par la classe laborieuse, et les fruits du grand développement de l'instruction primaire et des salles d'asile, l'idée qu'une si excellente éducation a donnée aux plus pauvres de leur dignité et de leur capacité, le manque de fermiers ou journaliers, laboureurs et vignerons, dans plusieurs parties de l'Europe, l'excessive cherté des domestiques ou même l'impossibilité d'en trouver dans certaines contrées. Enfin par d'adroites transitions il en est venu à rechercher les remèdes d'une si horrible situation; il n'en a point vu d'autres pour le moment que l'alliance proposée. Sans approuver tous les actes des auxiliaires qui se présentent contre la civilisation; il peint de couleurs brillantes leur énergie, leur courage, leurs connaissances dans un art qui, dans d'autres temps, était la plus haute source où les hommes pussent aller puiser la gloire, art qui dépérit aujourd'hui et tombe dans le discrédit et l'oubli, au point, dit-il, que personne n'oserait paraître en public avec un uniforme par crainte du ridicule, et qu'on n'en revoit plus guère que sur les théâtres et dans cette auguste assemblée, ainsi que dans un musée on voit figurer d'antiques armures. (*Vifs applaudissemens au banc des militaires.*)

» Enfin, sires et messieurs, sera-t-il dit que le temps est à jamais passé des héros, des conquérans, de ces glorieuses et puissantes centralités vivantes des races humaines, que la terre, d'un commun accord, saluait du titre de grands hommes? Napoléon aura-t-il fermé la liste de ces gigantesques noms qui absorbaient toutes les gloires de ce monde, et verrons-nous désormais l'humanité marcher comme une multitude sans nom ?

Croyez-vous, messieurs, que ce ne fût pas un beau spectacle, que ces immenses masses d'hommes se mouvant sous l'empire d'une seule volonté, au signal d'un seul doigt, et sacrifiant leur liberté, leur pensée, leur vie avec une si complète abnégation? Croyez-vous que l'humanité se rappetissât, comme disent nos utilistes et nos démocrates, quand elle se livrait à ce noble enthousiasme pour ses chefs, quand elle les suivait avec une confiance si absolue, si aveugle, si fanatique, si vous voulez ? ah ! c'est plutôt l'égalité démocratique et l'égoïsme industriel qui la rappetissent tout en excitant en elle un stupide et impuissant orgueil !

» Pensez-vous que chacun des cinq cent mille soldats, cortége d'un conquérant, qui parcouraient avec lui la terre en renversant tout sous leur passage, ne sentait pas sa propre valeur doublée par l'idée qu'il avait de la valeur de son chef? Chacun d'eux ne se croyait-il pas plus grand de deux coudées, et n'était-ce pas la cause de l'irrésistible impétuosité de ces torrens d'hommes? Et voyez-vous de pareils exemples d'exaltation et de dévouement dans ces armées philantropiques qui se battent pour leur intérêt ou avec la prétention plus ridicule de le faire pour le bien de leur ennemi, en obéissant sans entraînement, sans passion, à quelque chef rachitique et impotent qui s'évertue à leur démontrer par $a+b$ qu'il les commande le plus savamment du monde et pour le plus grand bien du plus grand nombre. (*Rires et applaudissemens de la majorité.*)

» Vous voulez, messieurs, ramener la poésie sur la terre! et n'en est-ce pas là de la haute et belle poésie qui s'offre à vous? Ce qu'il y avait de poétique et de grand dans l'islamisme : le pouvoir représenté par le turban et le sabre; ce qu'il y avait de poétique et de grand dans la guerre : un chef idole de ses soldats et doué de tout ce qui parle à l'imagination, d'un caractère d'acier, d'un génie de feu, un héros dont toute la personne peut passer pour un type de beau et de grandiose! A ceux qui n'ont pas d'éloignement pour les nouveautés où se montre un côté poétique, je dirai que cet homme dont le nom entraîne des peuplades entières sous ses drapeaux, et lui soumet des territoires immenses, dispose des plus grandes forces qu'on ait encore rassemblées dans l'atmosphère et s'est fait proclamer empereur des airs.

» Et celui-là fait bel et bien la guerre, non cette guerre bizarrement mécanique, dont nos grandes nations industrielles ont donné l'exemple dans ces derniers temps, cette guerre où de longues armées de machines s'étendant l'une devant l'autre sans qu'on y voie figure d'homme qui les fasse mouvoir, se renversent et se détruisent méthodiquement pièce à pièce, jusqu'à ce qu'il ne reste pas morceau de l'une d'elles : après quoi il se trouve de part et d'autre une douzaine de mécaniciens tués ou blessés des éclats de leurs instrumens, tant l'homme civilisé prend de précaution pour garantir sa précieuse vie ; ridicules parodies de la guerre, où l'on croirait voir une mascarade de démons grotesques se moquant de l'espèce humaine. (*Rires et applaudissemens au banc des militaires.*) Mais il fait la vraie guerre ; la guerre où des centaines de mille hommes se déployant dans l'immensité des plaines, couvrent le sol comme des fourmis, et livrent de ces batailles sérieuses, où des milliers de tonnerres éclatant à la fois, sèment la mort avec un fracas qui fait trembler la terre en embrâsant le ciel; où quand tout est fini; des escadrons rapides traversent au galop un jonché de morts et de mourans, atteignent les fuyards et, au son des fanfares triomphales achèvent la victoire. (*Trépignemens d'enthousiasme.*)

» Quand se retrouvera-t-il rien de semblable dans le monde? N'est-ce pas là peut-être le dernier des grands capitaines? Je le crains. Et, en attendant, nous laisserons la civilisation poursuivre tranquillement sa marche, couvrant tout de son limon, aplatissant sous son niveau tout ce qui reste des grandeurs du passé, des hauteurs du vieil état social, ainsi qu'elle fait choir sous sa hache la tête superbe des pins et le tronc séculaire des chênes. Et nous, enfans dégénérés de nos pères, nous resterons là les bras croisés à voir s'accomplir l'œuvre de destruction, témoins impuissans et hébétés, ne protestant que par de timides murmures, et nous réservant sans doute avec un courage magnanime pour inscrire une poétique épitaphe sur le tombeau de la société ! »

Cette bombastique péroraison n'a pas manqué son effet. Le portrait d'Aëtos surtout a séduit les imaginations féminines, et des mêmes tribunes qui avaient applaudi le philosophe couronné de la Germanie, partent des applaudissemens frénétiques pour l'orateur impérial. Tant il y a d'inconséquence dans certains esprits et de penchant chez les faibles à se livrer à l'admiration des forts qui les oppriment !

Il est facile de pressentir à l'entraînement d'une grande partie de l'assemblée, quel sera le résultat de la discussion. La majorité est déjà connue. Le langage si explicite du Tzar méridional, laisse à penser qu'il a contracté une alliance sécrète avec l'entreprenant Aëtos, soit par crainte d'un voisin gênant, soit dans l'espoir d'une bonne part aux dépouillles de l'Europe ou de l'Asie. C'est en vain que le Tzar constitutionnel de Pétersbourg parle dans le sens modéré. L'influence du premier sur le comité central s'est fait sentir; son collègue hyperboréen est éclipsé.

D'autres orateurs, un Français, un Italien, un Suédois, essaient de continuer la discussion. Mais ils ne peuvent réussir à se faire écouter d'une assemblée tumultueuse et distraite. Un Anglais, dont la position sociale est considérable, et qui prétend descendre du duc de Wellington et de la famille Bonaparte, commence en vain un parallèle pompeux entre Aëtos et Napoléon.

On n'est frappé que de cette interruption faite d'une voix éclatante par le général des Jésuites : « *Et si c'était l'antechrist !*

Cette parole jetée ainsi à l'improviste au milieu du comité, produit un effet singulier. D'abord, elle porte dans les ames une sorte de terreur; et un silence général de plusieurs minutes règne dans la brillante caverne. Mais quelques rires se hasardent, et bientôt la plus grande partie des assistans s'associe à cette manifestation dédaigneuse. Une voix de l'extrême droite ose même crier: *Et quand ce serait !* Mais elle est étouffée par les murmures les plus improbatifs, et pendant ce temps, le général des Jésuites est félicité par ses collègues de l'opposition pour le courage de sa chrétienne apostrophe.

On sent toute la portée de cette exclamation dans la bouche de celui qui est regardé comme le chef du vieux catholicisme, et qui se donne pour le successeur des anciens papes, depuis que l'église romaine, en ouvrant son giron aux principales sectes chrétiennes, a dû nécessairement se modifier. La société conservatrice des Jésuites ayant rallié à elle une assez grande partie de la population des campagnes où se maintient le culte sacerdotal avec tous ses rites et tous ses dogmes, est devenue une puissance spirituelle du premier ordre. L'appel fait par Aëtos, s'adressant non seulement aux passions belliqueuses de toutes les peuplades non civilisées, mais encore au fanatisme de l'islamisme littéral qui est resté fidèle au Koran, et du christianisme romain qui néglige un peu la lettre et l'esprit de l'évangile, on pouvait craindre que les Jésuites ne l'aidassent de leur influence sur leurs dociles adhérens religieux : aussi l'opinion que cette société vient de manifester par l'organe de son chef suprême est-elle d'une grande importance pour la cause de la civilisation.

Cela n'empêche pas qu'on ne vote un immense subside pour Aëtos. Mais on ne pousse pas l'audace jusqu'à lui accorder, ainsi que l'eussent voulu ses plus chauds partisans, un secours effectif en hommes et en matériel de guerre. Toutefois un résultat à peu près équivalent est atteint par la grande quantité de volontaires européens qui, stimulés par l'association poétique, partent de tous côtés pour rejoindre ses drapeaux.

XVI

LA CATALEPSIE.

> Le système nerveux est le mystère de la vie, et la vie est le mystère de l'ame.
>
> *Un amateur physiologiste.*

> Je dis, moi, que l'ame explique la vie, et que la vie explique le système nerveux.
>
> *Un amateur psychologiste.*

XVI

La Catalepsie.

Pendant que le comité central de l'association anti-prosaïque prenait cette décision, celui qui était réuni à Vienne nommait par acclamation Philirène généralissime des forces d'air, de terre et de mer de l'association civilisatrice universelle. Il s'était abstenu, par discrétion, et pour ne pas paraître exercer d'influence sur les suffrages, de se rendre à ce comité, dont il était un des membres les plus considérables. Il a même attendu son élection de généralissime, quelque assurée qu'elle semblât, pour se rendre au comité militaire d'Athènes. Il est resté à Carthage pour disposer secrètement avec Politée les moyens financiers de l'expédition, et pour ouvrir par ambassadeurs et par courriers des relations actives avec les principaux capitalistes des trois parties du monde, les plus intéressées dans la réussite de son vaste projet.

Il a assisté avec une curieuse émotion à plusieurs des consultations de Politée près de ses Pythonisses, pour avoir quelques lumières sur le sort de sa chère Mirzala. Il a appris avec une satisfaction qui a singulièrement ravivé et fortifié son amour, que cette charmante sultane refuse obstinément jusqu'ici de souffrir son beau ravisseur dans sa présence. La tiédeur du sceptique ne résiste pas à cette preuve non équivoque de fidélité.

Mais des révélations non moins importantes pour lui devaient lui parvenir par une voie analogue.

Il y avait long-temps qu'on avait remarqué le peu de sympathie que madame Charlotte montrait pour Philirène. Indépendamment des motifs politiques qui devaient rendre la féodale grande dame peu favorable au héros de la moderne civilisation, au drapeau vivant de l'alliance intellectuelle et industrielle, on pensait que l'obscurité dont sa naissance était entourée, entrait pour beaucoup dans les mépris de la gouvernante de sang royal. En effet, Philirène passait généralement pour un enfant trouvé auquel le célèbre capitaliste Agathodème s'était assez vivement intéressé pour le faire élever avec le plus grand soin et, plus tard, pour lui léguer son immense fortune. Cette circonstance qui est si peu du goût de madame Charlotte, a précisément contribué à inspirer pour Philirène un tendre intérêt à la douce Mirzala qui voyait là une sorte de conformité avec sa propre destinée ; quoique les légers nuages qui couvraient sa naissance à elle-même ne fissent qu'en rehausser l'éclat.

Madame Charlotte étant l'un des membres les plus dévoués et des plus généreux souscripteurs de l'association poétique, elle dont le héros de prédilection est Philomaque, et qui n'ignore point que c'est lui qui, sous le nom d'Aëtos, fut salué chef des oiseaux de proie, on conçoit que l'élection de Philirène comme généralissime des forces qui doivent le combattre, n'aura pas contribué à lui faire voir notre héros pacifique d'un œil plus favorable. Non seulement on a remarqué que cette nouvelle semblait avoir augmenté l'antipathie de madame Charlotte, mais encore il a été visible que sa santé en était gravement altérée.

Depuis quelques jours elle n'est point sortie de ses appartemens, et Politée elle-même n'y a pas été admise.

Malgré la grande discrétion du médecin, on a appris dès long-temps que madame Charlotte avait éprouvé plusieurs fois dans sa vie, mais à des intervalles assez éloignés, des attaques de catalepsie. On suppose naturellement que telle est la cause de sa retraite. On sait d'ailleurs que les vives contrariétés déterminent les accès de cette maladie bizarre, et il a été facile d'observer différens symptômes précurseurs dont le pronostic est toujours infaillible.

On ne s'était point trompé : mais le médecin de madame Charlotte est si excellent magnétiseur ; il est si profondément initié dans les secrets du système nerveux, qu'il abrège facilement la durée de ces crises qui dans les temps d'ignorance médicale se seraient prolongées infiniment davantage. Il n'eût même tenu qu'à lui d'en empêcher tout-à-fait le retour, s'il n'eût acquis la certitude qu'elles étaient une salutaire nécessité pour l'organisation irritable de sa malade. C'est en quelque sorte un calmant périodique que réclament ses nerfs, et dont la privation pourrait avoir de fâcheux effets sur sa raison. Du reste, il sait si à propos préparer et aider l'invasion de ces accès que loin d'être douloureux le moins du monde, ils sont pour la respectable dame un utile moyen de passer au sommeil magnétique, que sans cela on n'est jamais parvenu à lui procurer.

Quoi qu'il en soit, Philirène n'est pas médiocrement étonné quand le savant hermétique Calocrator, docteur de la faculté d'Epidaure, vient mystérieusement l'informer que madame Charlotte désire beaucoup d'avoir un entretien avec lui, et l'invite à venir dans son oratoire. Sans avoir le temps de s'arrêter à aucune conjecture sur ce qui peut lui attirer une prévenance si inattendue, il suit le docteur qui l'introduit et se retire.

L'oratoire de madame Charlotte est une petite chapelle bâtie dans le style improprement dit gothique, qui a laissé de si beaux modèles en Europe, du treizième au quinzième siècle. Le stuc avec lequel on a construit ce petit bijou architectural a la dureté du marbre, et s'est prêté à un fini de détails, à une légèreté dans le tissu des dentelles sculptées, dont la pierre des cathédrales les plus célèbres, telles que Westminster, n'était pas susceptible. Ce marbre artificiel, chaudement nuancé de bitume, diapré de couleurs éclatantes et de veines à reflets métalliques et cristallins, est d'un ton à la fois sévère et agréable qui impose à l'ame et caresse la vue. D'épais vitraux, représentant des sujets de l'histoire sainte, et des rideaux d'un brillant et fin tissu d'émail qui interceptent le jour, ajoutent encore à l'effet de ce curieux intérieur si propre à inspirer un pieux recueillement.

Madame Charlotte est assise auprès de son prie-Dieu, sur une longue et large chaise en style moresque, couverte de carreaux de velours à franges d'or. Philirène, ayant passé subitement de la vive lumière du dehors aux mystérieuses demi-ténèbres de l'oratoire, n'aperçoit d'abord que l'attitude de la personne, sans remarquer qu'elle a les yeux fermés.

Au moment où il entre, elle se lève vivement, court au-devant de lui, et le serrant dans ses bras avec une tendresse convulsive et des sanglots entrecoupés, elle commence bientôt à défaillir. Philirène, presque aussi attendri que surpris d'une scène aussi inexplicable pour lui, se rapproche des carreaux, l'y pose doucement, et une abondance de larmes se frayant un passage à travers les paupières de la malade, elle dit d'une voix affaissée : Ah! que ces larmes me font de bien, depuis plus de trente ans que je ne pouvais les répandre !

Je ne sais pourquoi j'ai représenté Philirène comme un être presque insensible et incapable de grandes émotions. Peut-être ne sent-il pas aussi vivement qu'un autre; mais il est si peu étranger à la sympathie, il mérite si peu d'être comparé au milieu des commotions nerveuses, à ces isoloirs vitreux, à l'aide desquels les physiciens touchent impunément les corps chargés de la plus terrible dose d'électricité, que sans savoir pourquoi cette femme est si fortement attendrie, sans se douter de ce qu'il y a de commun entre elle et lui, par la seule vertu communicative de cette sensibilité physique que j'appellerai le conducteur des larmes, il est ému lui-même, ses yeux sont humectés, et il se sent prêt à pleurer.

J'ai peur que mon style ne soit réellement pas à la hauteur de la scène que je dois raconter. Je craindrais d'en détruire l'effet si je ne la remettais à un autre chapitre, où je ferai tous mes efforts pour prendre un ton plus noble en me composant une physionomie plus grave.

Les personnes qui ont vu représenter le *Don Giovanni* de Mozart, par quelques-unes des sociétés musicales qui exécutent les vieux chefs-d'œuvre classiques, afin qu'ils ne tombent pas dans l'oubli, ont entendu avec une sorte de terreur, dans le vif et joli duo bouffe entre don Juan et son valet Leporello, certains sons de trombonne, espèce de musique de l'autre monde qui vous annonce qu'il ne s'agit plus du tout de plaisanter et que la statue du commandeur est un personnage très-sérieux. Voilà précisément la situation où je me trouve. Ou si vous l'aimez mieux, je suis comme au moment où cette même statue vient interrompre les joyeux refrains de don Juan pendant son souper. Alors les lustres s'obscurcissent, les trombones font résonner leur lugubre et pourtant sonore voix de cuivre, les basses font ronfler leurs grosses cordes, et l'on sent qu'une scène tragique va commencer.

C'est ici que se présenterait une belle occasion de traiter la question, si rebattue par les critiques, de savoir à quel point le comique peut être mêlé au sérieux, et s'il est permis à des yeux que la tristesse vient de renfrogner, de se laisser relever vers les tempes par quelque joyeuse drôlerie, ou bien à une bouche qu'un bon rire a dilatée, de se laisser contracter subitement par la compassion. Mais je n'ai garde de me prononcer sur une question aussi irritante. Je me borne à remarquer pour le moment que certaines gens disent assez plaisamment des choses fort graves, de même que beaucoup d'autres gens disent le plus sérieusement du monde les choses les plus ridicules.

XVII

—

RÉVÉLATION.

Faulconb. By this light, were I to get again,
I would not wish a better father.
..... Ay, my mother,
With all my heart I thank thee for my father!

Par cette lumière, si j'étais encore à naître, madame, je ne souhaiterais pas un plus noble père.... Oui, ma mère, je vous remercie de tout mon cœur du père que vous m'avez donné.

SHAKSPEARE.

Bartholo. Voilà ta mère.
Marceline. Est-ce que la nature ne te l'a pas dit mille fois :
Figaro. Jamais.

BEAUMARCHAIS.

XVII

Révélation.

Après une pause de quelques instans, pendant lesquels ses larmes ont continué de couler avec abondance, la grande et majestueuse femme près de laquelle Philirène se trouve assis, essuie ses joues inondées et pousse un long soupir.

— Vous ne comprenez rien à cela, Philirène, dit-elle. Je vois ou plutôt je sens votre étonnement. Cependant vos préventions s'affaiblissent : vous pourriez éprouver de la sympathie pour moi.....

— Madame, répond-il d'une voix douce, pourquoi non? Vous êtes souffrante, et la nature qui ne m'a pas non plus épargné la douleur, ne m'a pas refusé la compassion pour celle d'autrui.

— Ah! je sens que vous dites vrai. Vous êtes bon. Pourquoi faut-il que j'aie été condamnée par mon caractère, par mes opinions, à vous montrer tant d'éloignement! Il paraît que Dieu le voulait ainsi : je n'en murmure pas. Mais, je vous en conjure, pardonnez les hauteurs de la femme que vous avez connue en moi jusqu'à présent!

— Elles ne m'ont point offensé, parce que je les ai toujours expliquées. Je conçois vos croyances; je les respecte même comme une sublime portion de la vérité, comme la vérité du passé.

—Oh! dit vivement cette femme singulière, en prenant les mains de Philirène, qu'elle presse tendrement sur son cœur, laissons-là mes idées, qui n'ont guère d'empire sur moi dans l'état où je suis à présent. Ici je suis détachée des passions du monde, auxquelles je m'associe avec tant d'ardeur; je les vois presque en pitié; je les entends bruire sans émotion, comme le lointain murmure des vagues arrive à ceux qui dorment sur le rivage. Non, je n'entends plus à présent qu'une seule voix, la voix de la nature, qui me parle plus haut que toutes les voix de la terre, qui me crie... ah! vous ne l'avez donc pas deviné, et pourquoi tarderais-je à le dire? qui me crie que vous êtes... que tu es mon fils, mon fils chéri, mon fils, partie de moi-même, mon fils

que j'ai porté si douloureusement, hélas!
et de cette douleur qui n'était point calmée
par la tendresse et par l'espérance ; mon
fils que j'ai eu l'inhumanité de ne point
presser contre mon sein, de ne point tenir
embrassé sur mes genoux, mon fils que j'ai
paru ne pas connaître, qui ne m'a pas
connue, et qui, à cause de moi, n'a pas
même eu le bonheur de connaître son père!
Est-ce que tu ne m'entends pas, cher Philirène? Est-ce que tu ne me crois pas? Oh!
si, tu me crois; car pourrais-je mentir une
telle chose!

— Je le crois, dit Philirène, en l'embras-
sant avec une tendresse filiale; certes vous
êtes ma mère, puisque c'est vous qui le
dites.

— Ah! voilà un baiser qui épanouit mon
cœur, si long-temps desséché par les passions du monde!

Elle se repose un peu, et puis reprend ainsi d'un ton plus calme :

—Ecoutez, Philirène, je vais vous expliquer enfin ce long mystère. Vous n'ignorez point, je le crois, que je suis Basilica Augusta (1) d'A..., descendante d'empereurs et de rois de l'Europe. C'est un avantage dont je suis très-fière quand je vis de la vie du dehors, mais auquel je tiens peu, à présent que mon ame, repliée en dedans, est moins enlacée par les liens terrestres; à présent qu'elle communique directement avec d'autres ames, des ames élevées comme la vôtre, émanations prochaines de la Divinité. Orpheline de bonne heure, je fus placée et élevée à Constantinople, au couvent de Sainte-Hélène, qui sert de retraite, comme vous savez, aux personnes de mon rang qui n'ont aucune chance de contracter une alliance conforme

---

(1) Pour figurer ces noms comme on les dit à Constantinople et en Grèce, il faudrait écrire *Vassiliki sévasti*.

aux idées anciennes, et dont la plupart se décident à prendre le voile. Mais telle n'était pas ma destinée.

» Le célèbre Agathodême, le plus riche propriétaire de l'île de Crète, avait été protégé par ma mère : c'est à notre maison qu'il devait les commencemens de sa fortune. Ses travaux chimiques sur les substances alimentaires, et ses découvertes sur les moyens de trouver de la fécule dans nombre de végétaux, en rendant à l'humanité des services qu'on ne peut méconnaître, avaient aussi contribué à l'enrichir. Quoi qu'il en soit, il fut loin d'être ingrat envers nous, et je ne sais si je dois attribuer à sa reconnaissance ou à ma beauté (dont je puis parler aujourd'hui sans qu'on m'accuse d'être vaine) la vive passion qu'il éprouva pour moi. Mais avec les idées dans lesquelles j'avais été élevée, je devais naturellement la rejeter bien loin. Quoique la fortune et la puissance de notre maison fussent renversées, je ne pouvais songer un moment à accepter le nom d'un homme artisan de sa puissance et de sa fortune.

» Le parloir du monastère de Sainte-Hélène, comme on sait, n'est point sévèrement fermé aux visites; il est même plus accessible aux jeunes hommes de haute naissance qu'il ne conviendrait pour l'austérité religieuse. J'y vis un jour le prince Nadir-Khan, plus connu sous le nom européen d'Alexandre III, chef des Tartares Usbecks; ma vue fit sur lui une assez forte impression pour que, peu de temps après notre première connaissance, il me demandât en mariage. J'avoue que l'extrême distinction de ses manières m'avait trop favorablement prévenue pour que je pusse refuser. Libre de mes actions, je le suivis en Boukharie. Mais, peu de temps après notre union, il périt dans une campagne désastreuse, où il avait entrepris la conquête du Pend-Jâb et de Kachmyr. Je revins en Europe avec fort peu de valeurs en pierreries et un fils qu'il m'avait laissé. Autant vaut vous le nommer tout de suite : ce fils est Philomaque.

— Juste ciel! s'écrie Philirène avec une profonde affliction; je m'y attendais. Ainsi nous sommes frères! Encore une Thébaïde, une Braganciade, des frères ennemis! Il me manquait ce chagrin !

— Que Dieu ne permette pas cette lutte odieuse, mon fils; ce qui m'occupe le plus, c'est de l'empêcher.

— Et comment cela se peut-il, madame? Mais je ne veux pas vous interrompre.

— Nous verrons : je poursuis. Ma fortune était fort dérangée. Il me restait de l'héritage de ma mère, princesse grecque, la moitié de l'île d'Itaque. Mais cette propriété, qui était le gage de plusieurs créanciers, était perdue pour moi, si le généreux Agathodème ne l'eût rachetée secrètement en mon nom : ce n'est que depuis lors que j'ai découvert lui avoir cette obligation. Il renouvela ses propositions qui auraient été bien séduisantes pour d'autres que moi. Par son immense entreprise de la belle route de Tyr à Bâlbek, à Damas, à Palmyre, et du chemin de fer de Palmyre à l'Euphrate, qui ouvraient une nouvelle communication entre la Méditerranée et l'Inde, et, comme une chaîne galvanique, venaient de rappeler à la vie ces magnifiques cadavres de villes desséchés dans le désert, il était le roi industriel de la superbe Tadmor. Il m'offrait pour ainsi dire le trône de Zénobie.

» Après avoir pris beaucoup de temps pour vaincre ma répugnance, je cédai enfin; mais à condition que notre union serait ignorée du monde. Un prêtre du Liban nous bénit en secret.

» Soit que je ne pusse vaincre mes hauteurs ou du moins les lui cacher, soit qu'en me connaissant mieux et en me voyant en quelque sorte de plus près, il sentit son amour se refroidir (je parle avec une sincérité qui m'eût été impossible dans d'autres temps et ne me coûte rien ici), Agathodème ne parla plus de son désir de divulguer notre mariage. Je me sentis blessée, et quoiqu'il ne se fût certainement pas refusé à l'accomplissement de cette condition que lui-même avait si ardemment souhaité, j'étais trop fière pour en rien témoigner. Je choisis un autre motif pour lui annoncer que je me séparais de lui. Il n'épargna pas les instances pour me détourner de cette résolution; mais elle était irrévocable, quoique je fusse enceinte et que cette circonstance eût dû resserrer notre lien. Je me retirai dans un village obscur de l'Attique, me proposant, après ma délivrance, de le quitter pour rentrer dans le monde. Je donnai naissance à un fils que j'envoyai à Agathodéme, ainsi que nous en étions convenus, par une nourrice qui n'était instruite de rien. Ce fils, c'est vous.

— Ah! ma mère, s'écrie Philirène, ne pouvant comprimer le transport de sa joie, que je rends grâces à Dieu tout puissant, d'être le fils d'un si grand homme, d'un bienfaiteur de l'humanité qu'on a surnommé *Evergète*, à si bon droit!

— Et moi, dit tristement Basilica, je suis bien punie comme je l'ai mérité, en vous voyant si fier de votre père et si peu de votre mère!

Philirène l'embrasse avec tendresse pour adoucir ce sentiment poignant. Mais on peut excuser son premier mouvement. Quoique Basilica comptât dans sa généalogie, qu'on faisait remonter au huitième siècle, de grands rois et d'illustres empereurs, Philirène, qui savait à quoi s'en tenir sur l'incertitude de ces hypothèses historiques, n'ignorait pas plus que tous les écoliers, qu'au bout de dix générations seulement, c'est-à-dire de deux siècles et demi tout au plus, et en admettant la transmission du sang de Lucrèce en Lucrèce, selon l'expression de Boileau, nous n'entrons que pour la mille vingt-quatrième partie dans le sang de nos ancêtres; tandis qu'il était évident pour lui qu'il pourrait compter le grand Agathodéme Evergète pour une moitié dans son existence.

— Mon père, mon cher père, s'écrie-t-il encore, pourquoi m'avez-vous refusé la douceur de vous donner ce nom, de révérer votre mémoire comme un tendre fils!

— S'il eût vécu plus long-temps, il vous eût peut-être révélé le secret de votre naissance. Mais ce secret m'appartenait aussi, et il m'avait promis que j'en resterais maîtresse. Austère dans ses mœurs et respectueux envers l'opinion comme il l'était, il aima mieux vous inscrire dans son testament comme le fils d'un de ses amis laissé orphelin dès le berceau. Quant à moi, je n'eus garde de divulguer ce mystère, quoique ma conscience me reprochât de vous laisser ignorer vos parens. Une révolution favorable à mon fils aîné me rappela au milieu des Usbecks, où je me consacrai toute entière à lui donner une éducation militaire digne de sa naissance. Le monde sait à quel point j'ai attaché ma vie à la sienne. En vouant ici à son fils le peu de jours qui me restent, je ne fais que continuer le sacrifice. Et quel autre but pourrais-je trouver à cette triste vie? Quel autre lien ai-je avec ce monde, où périssent de jour en jour les gloires auxquelles j'ai été élevée à donner mon admiration, ma foi et mon culte? Ces idées sont si puissantes sur moi qu'à présent même que les sentimens de la nature reprennent leur empire, je ne m'en sens pas assez dégagée.

« L'une des craintes de ma vie fut de voir s'allumer l'antipathie entre vous et votre frère. Je ne négligeai rien pour empêcher tout rapprochement, toute relation. Mais était-ce possible? puisque la différence de vos penchans, de votre éducation, de votre position, devait vous appeler à jouer dans le monde des rôles si opposés, et à le faire l'un et l'autre avec un éclat qui ne pouvait manquer de vous rendre ennemis.

— Oh! pour moi, je vous jure, madame, que je ne le hais pas. Je le plains seulement. Mais mon devoir est de réprimer ses coupables tentatives.

— Eh bien, cher Philirène, si la voix d'une mère suppliante a quelque autorité sur votre cœur, dit vivement Basilica en se jetant à ses genoux qu'elle tient embrassés, n'en faites rien. Je vous en conjure, quoique j'avoue avoir bien peu de droits pour cela. Ne croyez pas que je parle ici pour Philomaque seul. Non; il me semble que dans ce moment vous êtes égaux dans mon affection....... Je vous aime peut-être plus que lui, vous dont la bonté se laisse pénétrer par moi, maintenant que je vis de la vie pure de l'ame, par moi qui, dans l'aveugle vie du monde ai l'injustice de vous accuser d'hypocrisie et d'ambition! Philirène, je vous en prie, répéta-t-elle en lui baisant les mains, ne vous armez pas contre votre frère; ne me donnez pas l'affreux spectacle d'une guerre sacrilége dont je croirais porter le théâtre dans mes flancs maudits de Dieu!

En achevant cette supplication dont Philirène fut tellement ému qu'il était prêt à y céder au risque de se couvrir de honte devant l'univers, Basilica tomba d'épuisement

Son fils la ranima un peu ; mais elle lui fit signe qu'elle avait besoin de repos et lui donna un baiser d'adieu. Kalocrator rentra pour soigner sa royale malade.

L'agitation que cette scène extraordinaire laissa chez Philirène, n'a pas besoin d'être dépeinte. Il se retira à l'écart pour n'en rien laisser paraître : en effet, il voulait garder son secret et attendre pour savoir si dans l'état normal Basilica le traiterait comme un fils. Enfin, se dit-il tout palpitant encore de caresses si imprévues, j'ai donc été pressé sur le sein d'une mère, moi qui ai tant souhaité ce bonheur ; mais s'il eût dépendu de moi, ce n'est point cette mère que j'eusse choisie !

Deux jours se passèrent encore sans que madame Charlotte sortît de ses appartemens. Le docteur dit qu'elle était tout-à-fait rétablie après un sommeil profond et non interrompu de vingt-quatre heures. Bientôt elle reparut et reprit ses fonctions auprès de son élève. Elle vit Philirène du même œil qu'auparavant, et sans qu'il parût trace de ce qui s'était passé entre eux.

Quoique Philirène eût fait des études physiologiques assez bonnes pour n'être point étonné de ce phénomène, il ne put s'empêcher d'en être affligé, et il dit avec un soupir : Ah ! j'avais bien raison de souhaiter une autre mère !

En effet, il n'avait guère de chance de retrouver celle-là qu'à la prochaine attaque de catalepsie.

Ce n'est point pour les amateurs de drame que je me suis arrêté assez long-temps sur cette situation pourtant un peu dramatique. C'est uniquement pour faire plaisir aux personnes qui ont commencé des recherches physiologiques et psychologiques sur les mystères du système nerveux et de la double existence de l'homme.

Toutefois les critiques me reprocheront avec raison d'avoir placé trois scènes de somniloquisme dans ce volume ; deux eussent été bien assez. Je ferai en sorte une autre fois d'éviter une pareille faute contre la composition. Mais j'ai pensé que plusieurs lecteurs seraient bien aises de savoir ce que ce chapitre leur apprend. Présomption d'auteur !

XVIII

LES BARBARES.

Après que les mille ans seront accomplis, Satan sera délié, et il sortira de sa prison, et il séduira les nations qui sont aux quatre coins du monde, Gog et Magog, et il les assemblera pour combattre : leur nombre égalera celui du sable de mer.
Apocalypse, ch. xx, v. 7.

Itaïlam ! Itaïlam !
Cris des Barbares.

Paris ! Paris !
Cri des Cosaques.

**Les Tartares
Ne sont barbares
Qu'envers leurs ennemis.**
Marche d'opéra-comique.

XVIII

Les Barbares.

Cependant Philirène d'un côté, et Politée de l'autre, ont quitté Carthage. Ils parcourent une partie de l'Europe, de l'Asie et de l'Afrique, pour stimuler les peuples, lever des troupes, réunir des oiseaux de guerre, des vaisseaux, des armes, des produits chimiques, et concerter les moyens de leur expédition gigantesque. Transportons-nous sur les ailes de l'imagination qui en valent bien d'autres, et vous verrez que dans un clin d'œil nous serons au beau milieu des états de Philomaque ou d'Aëtos, pour lui donner le nom sous lequel il est connu maintenant dans le monde.

Ce grand militaire ayant fait ses premières campagnes avec les Mandchous et les Mongols réunis, à la tête desquels il acheva, à vingt-trois ans, la conquête de la Chine, est toujours resté l'idole des peuples tatars, dont le caractère, essentiellement belliqueux et déprédateur, est tout-à-fait en harmonie avec la dévorante activité guerrière d'un tel chef. Quoique sous sa conduite leurs armes n'aient pas été heureuses contre l'Indoustan défendu par des forces imposantes de *Half-casts* anglais et marhattes bien disciplinés, il n'a rien perdu de leur aveugle confiance. La superstition de ces hommes grossiers a encore ajouté au prestige dont sa personne est entourée par une réputation militaire si précoce et des faits d'armes si éclatans. On lui suppose des vertus miraculeuses, on raconte de lui une foule de prodiges bizarres, et s'il eût voulu se condamner à jouer l'ennuyeux personnage de Dalaï-lama, nul doute qu'il n'eût réussi à se faire considérer de ses dévots soldats comme la véritable incarnation de Bouddhâ, comme le dieu vivant. Mais une pareille fantaisie ne pouvait pas venir dans l'esprit de l'homme de la terre qui a le plus besoin de la parcourir sans cesse, et d'y laisser des traces de son passage. Il préféra de conserver l'immobile pontife de la religion jaune, le chef de tant de millions de fidèles, comme un utile instrument dans ses mains, ainsi que l'avaient fait précédemment les chefs Mandchous du céleste empire. Il s'est contenté, pour plaire aux pieux Tartares du Tubet, du titre de Koutouchtou ou divinité humaine du second rang, après le Dalaï-lama. De même, lorsque, pendant un instant, il fut en son pouvoir de prendre pour lui le trône impérial de la Chine et le titre de fils du ciel, il aima mieux y rétablir un rejeton de l'ancienne dynastie. Habile à s'emparer des idées populaires, il s'est fait regarder comme réservé à de plus hautes destinées. Enfin, parmi ces races nomades, où les filiations militaires sont le plus grand des lustres, ce qui impose le plus aux imaginations, c'est la croyance généralement répandue, que Philomaque descend de Tchinnguis ou Gengis-Khan, du grand czar Pierre de Russie, et de Nboloun, nom sous lequel s'est perpétuée chez eux l'immense renommée de Napoléon. Il est donc pour les diverses tribus mongoles, soit Khalkas, soit Eleuths, Soongors ou Kalmouques, comme pour les Mandchous eux-mêmes, le Tzagan Khan ou Khan blanc par excellence, le Dchann-gounn ou grand général.

Les revers qu'il essuya dans sa campagne contre l'Hindostan, le firent s'éclipser pendant quelques années de la scène du monde, et ce fut alors que la malheureuse Politée devint l'une des nombreuses victimes de son désœuvrement. Quand ses affaires prirent une meilleure face, il n'hésita pas à la quitter pour recommencer sa vie guerrière, et il fit successivement des conquêtes qui l'ont rendu encore plus puissant que Tamerlan parmi les Tartares.

Quant à présent, l'empire plus spécialement terrestre d'Aëtos s'étend du Tubet méridional par le Boutan, le Népaul, le Pendjâb et le Kachmyr, le Kandahar et la grande Boukhârie jusqu'au lac d'Aral. Au nord il est limité par les vastes territoires de la confédération sibérienne, dont les tribus Kirghis, qui en font partie, lui ont défendu long-temps les abords de la mer Caspienne. L'armée de quatre cent mille Tartares qu'il a rassemblée dans les deux Boukharies, et dont cinquante régimens de Mandchous réguliers, en marche depuis six mois, viennent des bords de la mer du Japon, et de ceux de la mer d'Okhotsk qui baigne le Kamchatka, est évidemment destinée à envahir l'empire turco-persan, par le Koraçan, et puis de là à marcher droit sur l'occident pour s'emparer des deux grandes communications de l'Inde avec l'Europe, celle de l'Euphrate et du golfe persique, puis celle de la mer Rouge. D'autres armées sous les ordres de plusieurs de ses douze maréchaux doivent déboucher par le Kachmyr, et par d'autres points pour marcher sur l'Hindostan.

Depuis que les oiseaux de proie, ou brigands aériens du Caucase, du Taurus, du

Liban, des montagnes de l'Arabie et même de l'Atlas, l'ont reconnu comme suzerain, il a sur les plus riches possessions de la civilisation européenne des postes avancés qui lui donnent le moyen de combiner ce plan d'invasion avec de fausses attaques aériennes sur Alexandrie, le Caire et Jérusalem, ou sur Alger et Carthage, et même sur Ilion et Constantinople, ce qui porterait soudain la terreur dans les capitales de l'Europe, et ferait pour lui une utile diversion.

Enfin, pour se concilier les vieilles passions, les fanatiques espérances de l'ancien islamisme toujours puissant dans l'esprit de nombreuses populations, il a imaginé d'enlever la sultane Mirzala, la fille des sultans de Stamboul et de Babylone, l'unique rejeton du sang de Mahomet. Son dessein est de la proclamer à la Mekke impératrice des airs, et il médite d'employer plus tard la plus grande partie de ses forces atmosphériques pour s'emparer des sommets de l'Horeb et du Sinaï, dans le but d'y célébrer son propre couronnement. Mais ces points, si importans par les souvenirs religieux qui les consacrent, et par leur situation militaire-aérienne, ont été tellement fortifiés par le gouvernement israélite, qu'une telle entreprise offrira les plus grandes difficultés.

Quel coup-d'œil bizarrement animé offre l'un des camps terrestres du grand Aëtos ! Là sont les Mandchoux, ceux qui conquirent plus d'une fois la Chine, et se montrèrent encore plus habiles administrateurs, plus fins politiques qu'audacieux guerriers. Ailleurs, sont les Mongols, qui furent jadis leurs alliés dans les conquêtes, et leurs tributaires après la victoire; les Mongols une fois eux-mêmes conquérans de l'Indostan, et toujours si fiers du souvenir de Tchinguis, dont leurs dsassaks ou petits chefs, se prétendent issus. Vous les voyez sous leurs tentes de feutre entourées de nombreux troupeaux ; vous voyez leurs chameaux et leurs chevaux petits et durs à la fatigue, comme ceux des Cosaques. Une grande partie sont organisés en régimens et équipés à l'européenne; mais d'autres ont encore l'arquebuse à fourche, ou même l'arc et la flèche. On remarque aussi des casques et des cottes de mailles en fer, qui peuvent remonter aux campagnes de Gengis-Kan, et se sont transmises de père en fils; et une autre antiquité non moins curieuse, ce sont les petits canons en fonte, montés deux par deux sur des chameaux; ces affûts vivans, si dressés à la manœuvre, qui s'agenouillent quand on tire, et sembleraient de fantastiques créations de Callot. Pauvre artillerie, à la vérité, qui fait plus de bruit que de mal! Mais ils sont toujours belliqueux, ces Mongols dont on exerce des armées entières avec la chasse au tigre, cette petite guerre où se distribue toujours, comme au temps des empereurs Mandchoux de la Chine, l'ordre de la plume du paon de troisième classe, pour récompenser les actions d'éclat; et on les solde encore avec des morceaux de thébrique, ancien signe monétaire de la Mongolie.

Mais le plus beau contingent des armées d'Aétos lui vient de ses états héréditaires, de la Boukkarie. Les Usbecks sont toujours braves par-dessus les autres Tartares, et mettent sur pied plus de cent mille combattans. Zélés musulmans de la secte rigide de Sunny, ennemis des nombreux sectateurs d'Aly qui sont encore en Perse, ils ont le stimulant du fanatisme, et leur extrême sobriété leur est encore un avantage à la guerre. Belle race où se montre la pureté et la noblesse des formes caucasiennes, et chez laquelle les femmes suivent leurs maris à la guerre et se battent à leurs côtés.

Faut-il décrire encore d'autres hordes

guerrières qui entrent dans l'armée du grand Khan ? Faut-il parler des corps de volontaires européens qui, par leur discipline et leur supériorité de race, forment l'élite de cette armée ? ou de ces corps spéciaux qu'a multipliée la science de la destruction, de ces parcs d'éléphans, porteurs d'artifice grec, de ces terribles batteries à vapeur et à gaz, plus terribles que le canon, de ces mortiers-monstres traînés par cinquante chevaux ? Ce serait fatiguer et peut-être attrister le lecteur. C'est bien assez de lui montrer en masse ces farouches figures d'hommes, aussi laides que devaient l'être celles de l'armée d'Attila, de ces figures plates au nez court, aux yeux écartés, aux bouches énormes, à la peau jaune et huileuse, aux cheveux rares et sales comme tout le reste. Calmouks, Baschkirs, Kalkhas, enfans de ceux qui jadis, provoqués il est vrai par une agression cause d'un héroïque incendie, vinrent salir et dégrader les monumens de Paris, accourez tous du fond de vos steppes : les temps souvent prédits sont arrivés. Les hommes travailleurs ont désappris à manier les armes, et leurs métiers ont joué pour vous, dont les bras sont toujours forts. Marchez sur leurs villes si bien peintes, sur leurs campagnes si peignées; il y a pour vous de quoi jouir pendant des années; jouir à boire, à manger, à fumer, à ne rien faire; jouir à se vautrer dans le lit de la civilisation, jouir à démolir les maisons, à raser les arbres; jouir à détruire, à incendier, et puis à éclater de rire en se regardant. Marchez, courez, galoppez, la lance en avant; il y a là-bas des amis qui vous attendent, qui vous appellent, qui vous ouvriront les portes et que vous pillerez et tuerez pour leur peine.

Quels cris sauvages percent les airs? On entend hurler la féroce joie des barbares. Les voilà qui chantent. Ecoutons.

« Travaillez, travaillez, hommes de paix : les hommes de guerre arrivent pour vous payer.

» Poussez, poussez vos instrumens, hommes de paix : les hommes de guerre arrivent avec des armes.

» A quoi bon, à quoi bon les charrues ? nous labourons avec le fer de nos chevaux et de nos lances.

» Travaillez, travaillez, etc.

» Vous demandez péniblement votre vie à la terre : c'est aux hommes que les braves demandent ce qui leur manque.

» On n'a rien à refuser à celui dont le cœur est ferme, la main dure et dont la paupière ne cligne pas devant la mort.

» La mort ! pour les braves, c'est le paradis : mille fois mieux la mort que cette triste vie achetée jour à jour par le travail.

Travaillez, travaillez, hommes de paix : les hommes de guerre vont faire jouer leurs armes. »

Les forces maritimes d'Aëtos sont la partie faible de sa puissance. Elles ne se composent guère que de celles des pirates Malais, Javanais, Australiens des nouvelles Hollande et Zélande, et des îles de la mer Pacifique; forces trop disséminées et incapables d'agir avec ensemble sur un point, mais propres à inquiéter le commerce en effrayant les petits ports mal défendus.

Cependant le chef suprême, la volonté dirigeante de tant d'agens du mal, le redoutable Aëtos, où est-il? Il a le talent de ne point trop familiariser les regards avec sa personne et de se rendre presque mystérieux. Le soin avec lequel il cache ses actions et ses voyages sert encore ses desseins en les voilant. On ne sait jamais où il se trouve, et il tombe des nues à l'improviste sur le point où sa présence était nécessaire et inattendue. Inaccessible comme les anciens despotes asiatiques, il entre ainsi dans l'esprit des peuples serviles auxquels il commande, et il exerce sur leurs imaginations un empire tel que celui de la divinité qu'on respecte surtout parce qu'on ne la voit pas.

Enfin, où se trouve-t-il dans ce moment?

Les uns disent qu'il est à son principal camp aérien dans les gorges du Caucase; les autres qu'il se rend à une entrevue qu'il a obtenue de la fameuse reine des Amazones, dans la vallée de Kachmyr. Quelques-uns prétendent qu'il est encore à Samarcand sa capitale d'Occident, où il prépare pour séduire la jeune sultane Mirzala, sa belle proie, une fête digne des mille et une nuits par sa prestigieuse magnificence.

Ce seront les premières choses que je raconterai au lecteur, s'il est assez curieux pour me demander un second volume et assez indulgent pour m'inspirer le courage de l'écrire. En effet, ce volume-ci n'est, à vrai dire qu'une exposition, et je baisse la toile au moment où l'action va commencer.

POST-SCRIPTUM.

—

Est-ce un *post-scriptum*, ou n'est-ce pas plutôt un *antè-scriptum*? Peu importe le nom. Je m'entends dire : pourquoi s'arrêter à ce volume? pourquoi laisser le lecteur à moitié chemin? Veuillez m'écouter un instant.

Le livre est fini, et bien fini, pour tous ceux (et j'ai peur que le nombre n'en soit grand) qui l'auront trouvé ennuyeux, ou qui, sans y chercher le moindre intérêt, sans arrêter assez leur attention sur les personnages pour avoir la moindre curiosité du sort qui leur est réservé, auront voulu savoir quelle forme on avait donnée à une conception littéraire au moins bizarre, se bornant à tâter, à retourner, à soupeser cette conception, pour lui assigner sa valeur. Ceux-là sont les critiques, gens difficiles à contenter, surtout parce qu'ils diffèrent tous d'opinions arrêtées ou de manières de sentir.

Les uns, et c'est la plupart, n'auront pas trouvé que cet avenir répondît à celui qu'ils avaient imaginé; ils l'auront jugé ou trop ou pas assez semblable au présent. D'autres y désireront plus de clarté, moins de choses laissées sans explication et jetées au lecteur avec le *qui potest capere capiat*; d'autres, au contraire, regretteront de n'y pas rencontrer suffisamment le demi-jour de la poésie métaphysique, le crépuscule nuageux de la synthèse appliquée à l'histoire future de l'humanité; ou les ténèbres sillonnées d'éclairs, avec les formes brèves et figurées du verset de l'*Apocalypse*.

Sans répondre à tous pour le moment, je dirai seulement aux derniers qu'en plaçant le point de vue d'avenir sur un plan trop éloigné, je me hasardais dans ce que j'appelle *l'épopée de l'avenir*, ce qui doit être l'œuvre d'un autre temps, ou certainement d'un autre homme. Des conceptions trop osées, qui eussent toutefois pâli auprès de celles de M. Ch. Fourier, cet utopiste armé de l'analogie comme d'un instrument tranchant à l'aide duquel il est devenu le plus merveilleux comme le plus intrépide des imaginateurs d'avenir; de telles conceptions, dis-je, eussent eu l'inconvénient de trop nuire à la vraisemblance et à l'intérêt, et de ne pas laisser voir à la grande majorité des lecteurs ce qui leur plaît le plus, des personnages avec lesquels ils se sentent quelque chose de commun, avec lesquels ils sympathisent, et surtout qu'ils comprennent. Je sais bien qu'il est une respectable minorité de lecteurs (de ce côté du Rhin, bien entendu) qui n'aiment que ce qu'ils ne comprennent pas. J'avoue que je ne me sens guère de penchant à les satisfaire; pourtant j'essaierai quelque jour. Je pense qu'en me donnant autant de mal pour être obscur que je prends de soin habituellement pour être clair, je pourrai bien trouver la chose moins difficile qu'on ne croit.

Quant au style biblique et oriental, ce style où l'on jette les images à poignée, plus d'une douzaine d'écrivains ou d'orateurs saint-simoniens ont apporté à ce genre de pastiche un talent, une verve, une richesse d'imagination, qu'un prêtre, grand écrivain pourtant, est bien loin d'atteindre; et de plus, ils en décoraient des conceptions bien plus neuves que la démocratie évangélique des millénaires et de toutes les sectes qui se sont armées de quelques paroles du Christ pour attaquer l'ordre social. Ce style convient à la foi vive, à l'exaltation religieuse. Il ne faut pas trop en abuser. Mais aujourd'hui on use et on abuse de tout; le langage poétique et figuré se mêle à tout, et les feuilletons sont parfumés de poésie. Heureux temps, où le talent coule à pleins bords, et qui se plaint de sa stérilité, comme c'est l'usage de tous les temps!

Enfin, il se trouvera des critiques qui articuleront des griefs plus spéciaux : ils m'accuseront d'être encore trop monarchique, trop aristocratique, et de laisser debout le christianisme, la propriété et le mariage; ou, si c'est avec des modifications, de ne pas indiquer celles-ci. Pour répondre suffisamment à ces reproches, un volume ne serait pas trop; j'espère donc qu'on voudra bien m'en dispenser quant à présent.

Mais ces lecteurs aimables et indulgens qui ne demandent pas mieux que de s'intéresser aux personnages, à l'action, aux lieux de la scène, oh! ces bons lecteurs, s'ils regrettent le moins du monde de ne pas savoir comment cela finira, de ne pas voir se développer les caractères qu'il n'a été possible que d'indiquer seulement, pour préparer d'abord le théâtre sur lequel ils se produisent; si ces lecteurs poussent la courtoisie jusqu'à s'enquérir des antécédens de Philirène et de Politée, des circonstances de l'union de celle-ci avec Philomaque, et de leur séparation; en vérité, j'en serai si profondément touché que je ferai tout pour leur être agréable; je fouillerai de nouveau dans le monceau de manuscrits du marquis Mummio de Foscanotte, et j'en tirerai un second volume en dépit de mon amour du *dolce farniente*.

Existe-t-il de charmantes lectrices qui demandent si la tendre Mirzala persistera dans sa belle résistance aux entreprises de l'audacieux Aëtos ? Et cet Aëtos, ce héros que je leur ai promis, et qu'elles n'ont encore aperçu qu'au travers des nuages de la seconde vue, sont-elles vraiment curieuses de le voir de plus près ? Je les en remercie mille fois. Tout cela leur était réservé dans la seconde partie; cela et bien d'autres choses : et ces oiseaux de proie dont les mœurs valent bien la peine d'être observées, ne faudra-t-il pas les visiter? Et ces aériennes qui ont imaginé de soumettre tout de bon le sexe masculin à un esclavage analogue à celui que leur sexe subissait chez les despotes d'Asie, qu'en dira-t-on? Et Philomaque, comme un autre Thésée, ne voudra-t-il pas séduire la reine de ces nouvelles Amazones? Et lui-même passera-t-il pour l'Ante-Christ? Et se livrera-t-on quelque grande bataille atmosphérique? Et la civilisation triomphera-t-elle des barbares? Et le petit Jules, que deviendra-t il? Dans un autre temps la flatterie poétique prétendit qu'un petit Iule fut la tige des Césars; est-ce qu'il y aura encore des Césars? Oh! pour cela, vous en demandez trop; plus que je n'en saurai peut-être avec mes manuscrits. Mais après tout, ces questions que je m'imagine entendre, me flattent infiniment, et j'y répondrai de mon mieux dans un autre moment. Enfin, à ceux qui auraient la bonté de désirer dans la narration le sérieux des auteurs sincères qui croient à ce qu'ils disent, je promets d'être aussi sérieux qu'on peut l'être quand on fait le prophète et l'augure.

Si, par malheur, je ne pouvais accomplir ces promesses, alors il faudrait inscrire à la fin de ce volume la phrase finale ordinaire des articles de journuax sur la politique européenne et sur les événemens de l'orient : *l'avenir nous apprendra*, etc.

NOTES

SUR LA PRÉFACE.

Un fragment de cette préface fut publié, etc.

C'est dans la *Gazette littéraire* du 17 février 1831.

J'ai pensé dès long-temps que, dans ce siècle si fertile en hardiesses littéraires, en systématisations historiques et en créations religieuses ou sociales, on devrait établir une sorte de registre des hypothèques pour la conservation des idées. J'y étais fort intéressé, moi qui voulais prendre date et hypothèque sur quelques idées, ou demi-idées, ou quarts d'idées; car je crois en avoir tout comme un autre. Mais en attendant cet utile établissement, les revues et les journaux y suppléent jusqu'à un certain point.

C'est ainsi que j'essayai, dès l'an de grâce 1822, de faire du Walter Scott en français; puis, après en avoir publié çà et là des lambeaux, je m'endormis là-dessus fort tranquillement, sans prétendre au brevet d'invention, mais seulement au brevet d'importation. Heureusement d'autres que moi exploitèrent cette mine avec beaucoup plus de succès que je ne l'eusse fait.

Vers 1828, je crus avoir une demi-idée neuve en entreprenant d'appliquer les procédés du Walter-Scottisme à l'antiquité : je voulus montrer des Grecs et des Romains, non plus chaussés du cothurne, mais parlant et agissant comme on peut supposer qu'ils parlaient et agissaient quand ils étaient en vie. Avant de m'endormir complétement sur cette demi-idée, j'eus heureusement celle de publier des fragmens de drame romain dans les revues et magasins littéraires, vers la fin de 1830. Il était temps, car on fit bientôt après (précisément sur le même sujet) quelque chose de semblable. Si, par hasard, ce n'était pas moi qui eusse fait naître l'idée, au moins je conserve la douce satisfaction de pouvoir exhiber la preuve que je l'ai eue tout seul de mon côté (sauf Ben Johnson).

A la même époque, vers 1829, je fus témoin d'expériences sur le magnétisme ; j'en fis moi-même pour dissiper mes doutes, qui étaient très-voisins de l'incrédulité. Je fus convaincu. Je crus avoir un quart d'idée : c'était d'introduire le magnétisme dans les arts et la littérature, comme un élément poétique et dramatique; mais j'appris que l'Allemagne m'avait devancé, et je lus bientôt une nouvelle fort intéressante de M. Zschokke, où l'état d'extase somnambulique joue un grand rôle. Toutefois, je me hâtai de divulguer mon quart d'idée par la voie de la presse ; mais le temps de l'appliquer n'était pas venu, tant les préventions contre le magnétisme étaient générales en France. Je me contentai plus tard de risquer, comme essai, une petite scène magnétique et romanesque, qui fut publiée dans plusieurs recueils. Aujourd'hui que l'incrédulité des gens du monde a cédé tout à fait à l'éclat et à la fréquence des preuves, je vois avec grand plaisir que la littérature s'empare de cette merveilleuse source d'émotions et d'intérêt.

Mais le roman de l'avenir, cette idée, demie ou quart, si l'on veut, qui me trottait par la tête depuis une dizaine d'années, me tourmentait bien autrement ! Je publiai un fragment de la préface sans avoir fait une ligne du livre, de peur d'être devancé ; j'avais bien soin de ne mettre que ce qu'il fallait pour prendre date, mais non ce qui pouvait révéler mon plan. Et là-dessus encore je m'endormais.. Mais ce sommeil était un vrai cauchemar : je ne lisais pas la moindre phrase qui touchât à mon idée, qui en approchât tant soit peu, sans trembler qu'on n'attrapât cette pauvre idée et qu'on ne la mît à profit avant moi. Le seul mot d'*avenir* me faisait frissonner. Cet état était intolérable ; s'il eût continué, je serais mort de mon livre rentré. Entre des frayeurs continues et une paresse peu ordinaire, je viens de prendre un parti violent.... la paresse a été vaincue (tant pis pour le public ! dira-t-on), et le livre a été écrit dans une vingtaine de jours. Le temps ne fait rien à l'affaire.

Je ne crois pas qu'on puisse faire plus candidement sa confession littéraire : c'est un petit bout d'étude sur les tribulations d'un paresseux qui, s'il ne fait rien, n'est pas du moins comme le chien du jardinier, et se plaît à rendre justice à ceux qui font à sa place ; toutefois, il ne voudrait pas tomber trop complètement dans l'oubli. C'est aussi une explication et une excuse que je devais pour la publication incomplète de cet ouvrage, auquel il manque évidemment une seconde partie.

Je demande pardon d'avoir parlé si longuement de choses fort indifférentes au lecteur.

Sur le Magnétisme.

Il n'est peut-être pas inutile de donner quelques explications sur le magnétisme aux lecteurs qui ne l'ont pas étudié. Voici ce que je publiais sur ce sujet, en 1829 ; il y avait alors une sorte de courage, car les plaisanteries d'Hoffmann (du *Journal des Débats*) avaient encore l'autorité de chose jugée ; aussi, quelques jours après cette publication, eus-je l'avantage de lire dans une feuille périodique que je n'avais pas écrit cela sérieusement, ou sinon que ma raison était en grand péril.

« Les phénomènes extraordinaires produits principalement sur la matière organique et sur l'ordre moral par l'influence connue sous le nom de *magnétisme animal*, ne peuvent plus être révoqués en doute que par ceux qui ne veulent pas se donner la peine de les vérifier : il est donc temps d'en déclarer l'existence, quoiqu'on ne le puisse pas encore sans s'exposer au ridicule. Mais la vérité vaut bien la peine qu'on brave pour elle un si petit danger, puisque dans d'autres temps on s'estimait heureux de lui sacrifier sa vie. Aujourd'hui passe pour le ridicule : dans dix ans il aura cessé ; car les faits sont plus vivaces que lui.

» Des expériences publiques, répétées plusieurs fois devant nombre de savans et de médecins, devraient pourtant avoir rendu incontestable pour les gens éclairés la réalité de l'agent dit *magnétique*, et de l'état singulier improprement appelé *somnambulisme* par les magnétiseurs. Une immense quantité d'expériences semblables reproduites chaque jour dans presque toute l'Europe offrent le développement d'un sixième sens ou de l'instinct élevé au plus haut degré ; elles montrent dans certains cas la puissance de la volonté humaine, portée à un point qui jadis put sembler miraculeux, et aujourd'hui peut aisément passer pour incroyable quand il n'a pas été observé.

» Voici donc une science nouvelle, ou plutôt renouvelée des anciens, qui naît au milieu des moqueries : souvent compromise par le charlatanisme, elle n'a plus à combattre que la prévention. Fondée sur l'examen, elle nous révélera peut-être un agent universel, entrevu dès la haute antiquité, mais trop souvent méconnu, et servant, soit dans les mains des hiérophantes ou des jongleurs, soit qu'il fût manifesté par hasard, à entretenir des croyances en des puissances surnaturelles, anges ou démons, intermédiaires entre la Divinité et la nature. Plus éclairés aujourd'hui que tout est ramené à d'immuables lois physiques, nous excuserons du moins nos pères d'avoir admis beaucoup de superstitions qui en partie étaient appuyées sur des phénomènes réels ; nous les plaindrons seulement d'avoir cru que le diable y fût pour quelque chose, et d'avoir arrêté par les supplices l'esprit d'observation qui eût pu s'exercer bien plus tôt sur ces faits et les expliquer scientifiquement.

» Mais il est peut-être bon que le scepticisme historique

du dix-huitième siècle ait fait table rase pour tous les faits inexplicables d'après les lois de la physique alors connue, parce que le principe de l'immuabilité des lois de la nature a été établi dans les esprits. Les uns diront que c'est saper les religions par leur base ; les autres penseront qu'il faut d'abord chercher la vérité.

» Peut-être aussi que, loin de détruire les religions, cette science ne pourra que les épurer, en fortifiant leurs fondemens véritablement historiques, en les rattachant toutes à un ordre de faits qui *poètise* pour ainsi dire l'espèce humaine. Elle ira chercher jusque dans le passé antédiluvien de la Haute-Asie et de la Haute-Afrique les traces d'une sorte de révélation instinctive à laquelle il faut remonter pour concevoir l'histoire des anciennes sociétés. Enfin, l'agent magnétique, ou de quelque autre nom qu'on l'appelle, soit qu'on découvre en lui une modification ou une généralisation de l'électricité, du galvanisme, du mouvement, de la lumière ou de la vie, semble devoir conduire l'humanité à des notions sublimes, physiologiques ou psychologiques ; et, confié à la prudence et à la philanthropie, il est sans doute appelé à la soulager ou à la guérir de maux qu'on a crus incurables, à resserrer ses liens sociaux et à contribuer à son amélioration morale. Dès lors qu'il existe, il ne peut exister que pour une bonne fin. L'homme peut abuser de tout, mais l'usage utile prévaudra toujours sur l'abus.

» La médecine magnétique, qui, sans supplanter la médecine ordinaire, est appelée du moins à la diriger et à la perfectionner, ne sera pas l'un des moindres bienfaits réservés par la Providence à notre postérité. Les cures encore inexplicables qu'elle opère aujourd'hui sur un petit nombre de personnes se multiplieront à l'infini, et que d'expériences nouvelles ne doit-on pas espérer! L'état d'insensibilité complet que le magnétisme peut quelquefois obtenir d'un malade fera tenter sans crainte et subir sans douleur des opérations chirurcales qui jusqu'ici effrayaient le désespoir lui-même. Enfin, et telle doit être sa principale destination *pour éviter de graves inconvéniens*, le magnétisme deviendra la médecine de famille et d'amitié. »

Voici ce que j'imprimais encore en 1832, en tête de mon petit roman magnétique :

« Il n'est pas du tout agréable de passer dans le monde pour s'occuper de magnétisme. Beaucoup de vos meilleurs amis vous considèrent alors avec une sorte d'inquiétude compatissante ; comme celle que nous inspirent les gens dont la tête n'est pas bien rassise. Je trouve cela tout naturel ; il y a quelques années que j'en usais ainsi avec les autres, et aujourd'hui, par la même raison, je suis presque honteux d'être signalé comme un adepte de Mesmer, de Puységur, et du bon M. Deleuze.

» Ne voyez-vous pas tout de suite les inconvéniens d'une réputation de ce genre? En politique, cela vous classe infailliblement parmi les esprits faibles ; en philosophie, parmi les cerveaux creux ; en littérature, parmi les niais. Ainsi, par exemple, si jamais je trouve assez de confiance en moi-même pour ramasser dans mes paperasses de quoi remplir un ou deux in-octavo, et puis après cela que je m'avise, tout comme un autre, de me mettre sur les rangs pour l'Académie française, pensez-vous qu'une pareille note sur mon compte soit une bien bonne recommandation auprès de MM. les trente-neuf? Supposez encore un député à nommer, et un candidat véhémentement suspect de magnétisme, comment l'accueilleront les électeurs avec un antécédent, ou, si vous voulez, un précédent semblable? Je vois déjà venir toutes les railleries : Il veut magnétiser la Chambre, endormir l'Europe ; enfin, une nuée de traits qui tuent un candidat dans un chef-lieu d'arrondissement.

» Parbleu! c'est une chose bien singulière! Dans un temps où le magnétisme n'était pas encore publiquement constaté, alors que le charlatanisme se chargeait de l'exploiter en grande partie et que le mystère ajoutait à son merveilleux, il était du bon ton de s'en mêler, et chacun, sans risquer sa réputation, pouvait y croire tout à son aise. On croyait à cela et à bien d'autres choses. Je me souviens d'un vieux brave homme, ancien capitaine de dragons, qui, au retour de l'émigration, avait conservé, comme une sorte de bagage de l'ancien régime, le magnétisme, la baguette divinatoire, nombre d'anecdotes sur M. le comte de Cagliostro, le tout entremêlé de citations de M. de Voltaire, et d'une quantité de remèdes de bonne femme empruntés au journal de Verdun. Le digne oncle! il n'avait pas de plus grand bonheur que de donner ses recettes et d'administrer ses simples, et il croyait à leur efficacité aussi fermement qu'il était convaincu que, sans M. Necker, la révolution française n'aurait pas eu lieu! Pardon de la digression.

» Je disais donc qu'avant la révolution il n'y avait nul inconvénient à croire au magnétisme, qui pourtant n'était rien moins que démontré ; et aujourd'hui que nombre d'expériences ont été faites solennellement en présence des plus célèbres facultés d'Europe, que de nombreuses cures ont été opérées publiquement dans un hôpital de Paris, à la face de tous les médecins, étudians et curieux qui ont voulu en être témoins; aujourd'hui qu'une commission nommée *ad hoc* a conclu à l'existence des phénomènes du magnétisme animal et du somnambulisme; aujourd'hui que vous rencontrez partout des gens qui ont vu, ou qui ont été guéris, ou dont les amis l'ont été, ou qui conviennent d'avoir éprouvé un effet quelconque de cet agent physique singulier, comment se fait-il qu'il y ait un peu de ridicule à passer pour étudier le magnétisme et pour y croire?

» Voilà pourtant où en est maintenant la question. C'est une des bizarres inconséquences de l'humaine nature. Les uns croient par ce qu'ils ont vu ou éprouvé ; les autres ne croient pas, parce qu'ils n'ont pas eu de preuves ; et tous s'en tiennent là. Ceux qui n'ont pas été convaincus aiment mieux ne pas y croire que d'y aller voir ; et il leur est également commode de se moquer de ceux qui ont jugé que la chose valait la peine d'être vérifiée. Tâchons de savoir pourquoi cela.

» Quand il se fait une découverte dans les sciences physiques, et qu'elle est suffisamment constatée par les témoignages du monde savant, personne ne prend la peine de la révoquer en doute : on a plus tôt fait d'y croire sur la foi d'hommes spéciaux et capables, qui ont comme la procuration de l'humanité civilisée pour admettre les nouvelles vérités et leur donner cours. Quand j'entendis parler pour la première fois de l'action extraordinaire du galvanisme sur le système nerveux, même après la mort, je fus sans doute fort émerveillé ; mais le fait n'étant contesté de personne, je n'hésitai pas un instant à l'admettre. S'il eût été contesté, j'eusse pensé qu'il méritait bien qu'on s'en assurât, et je n'eusse rien négligé pour savoir parfaitement à quoi m'en tenir. Ainsi ai-je fait pour le magnétisme ; ainsi, ce me semble, devrait faire tout le monde, ou bien je ne sais plus ce qui est digne de curiosité, dans un temps surtout où tant de gens s'évertuent à chercher de la poésie.

» Mais, voyez-vous, il y a quelque chose qui nuit au magnétisme : c'est qu'il dévoile un côté du monde physique qui nous était entièrement inconnu ; c'est que la science, suivant son habitude, a irrévocablement fixé les lois du monde connu ; c'est qu'elle est fondée à regarder comme impossible ce qui semble déroger à ces lois, et ce que le vulgaire, moins scrupuleux qu'elle, admet tout bonnement comme merveilleux. Cette manière de raisonner est en effet fort plausible : ce qui a une apparence de merveilleux étant jugé impossible, on décide qu'il ne vaut pas la peine de s'en occuper. Mais combien d'autres faits, maintenant admis, ont passé autrefois pour merveilleux, parce qu'ils semblaient choquer les idées reçues, et sortir de l'ordre naturel ? Les phénomènes de l'électricité, du galvanisme, du magnétisme minéral, etc., ne parurent-ils pas merveilleux d'abord, et les explique-t-on bien aujourd'hui ? Eh bien, ceux du magnétisme animal doivent entrer dans le domaine physique, quoiqu'on ne les explique pas, et ils doivent avoir aussi leur loi, qui peut-être un jour sera connue et les expliquera.

» Oh ! pardon, voilà que je me laisse aller à traiter la question scientifique, et pourtant je me suis bien promis de n'en rien faire. Je ne veux que me placer au point de vue moral, poétique, philosophique, pittoresque, si vous voulez. Je ne dois vous donner ni un procès-verbal de clinique, signé de trois médecins, ni une théorie sur le magnétisme, ni une discussion pour ou contre : tout cela serait ici hors de propos.

» Cependant, il faut bien que je prenne mes précautions avec le lecteur sérieux. Ainsi, de grâce, laissez-moi ajouter quelques mots à ce préambule. Je vous assure donc que je crois au magnétisme, et même au somnambulisme, qu'il serait mieux d'appeler autrement (1); j'y crois, parce que j'ai examiné nombre de somnambules avec la prévention la plus défavorable d'abord, et ensuite avec la plus impartiale attention. Je vous dirai encore que l'appareil nerveux est principalement en jeu dans l'action magnétique, et qu'ainsi, moins il y a de sensibilité nerveuse, moins le magnétisme agit. On conçoit dès-lors pourquoi les femmes sont plus aisées à magnétiser que les hommes.

» Je crois aussi que le charlatanisme s'est souvent emparé de cette découverte, sans doute renouvelée des anciens, et que l'enthousiasme l'a exagérée; mais, dites-moi un peu, quelle découverte en médecine n'a pas eu ses enthousiastes, ses fripons et ses dupes?

» La panacée physique et morale, le moyen d'arriver à l'absolu, à la vérité universelle : il y a des gens qui voient cela et bien d'autres choses dans le magnétisme. Quant à ceux qui ne sont ni dogmatiques, ni illuminés, mais qui observent les faits à l'aide de l'expérience et de la raison, qu'ils se bornent à étudier le plus possible de faits magnétiques, avec toute la prudence du doute; mais qu'ils se gardent bien de faire aussi leur théorie,

---

(1) Le somnambulisme magnétique, c'est le développement d'un sixième sens, ce sens qui se révèle quelquefois dans les pressentimens, les sympathies, et tant d'autres phénomènes de la vie ordinaire; c'est, si l'on veut, l'instinct naturel stimulé à tel point qu'il a des perceptions que nous refusent nos sens dans l'état de veille. Nous ne savons ni pourquoi ni comment cette faculté se développe ainsi; les somnambules ne peuvent nous rendre compte du genre de leur perception, de leur vision. Mais, du moins, les gens qui se donnent la peine d'observer le fait ne peuvent le nier. J'en ai vu bien d'autres chez le docteur Chapelain, cet ardent expérimentateur magnétique, qui a sacrifié toute sa carrière médicale aux progrès de la science, et qui, chemin faisant, opère des cures étonnantes.

que d'autres faits viendraient bientôt renverser. De tout temps on a pensé que l'époque de la synthèse était venue : aussi, combien de systèmes ont passé sur cette planète, comme les générations, les monumens, les empires ! Dans deux mille ans on en fera d'autres qui seront supplantés plus tard. Pour moi, j'aime assez les systèmes, mais seulement comme méthodes. En voilà bien assez là-dessus. »

Enfin, l'incrédulité en matière de magnétisme est devenue tolérante et n'est plus moqueuse : c'est un grand pas. Et la science marche ; et les observations se multiplient et se recueillent ; et en Angleterre, où, il n'y a pas quatre ans, personne n'aurait daigné examiner la queston, des médecins du premier mérite attachent leur nom à des publications spéciales sur l'existence et la puissance du magnétisme.

Des essais littéraires sur l'avenir.

J'ai dit qu'on n'avait jusqu'à présent tenté en fait de littérature *futuriste*, que des utopies ou des apocalypses. En effet, je n'ai connaissance d'aucune action romanesque transportée au milieu d'un état social ou politique futur. J'ai trouvé dans la Biographie universelle l'indication des ouvrages suivans,

Mémoires du vingtième siècle, ou lettres d'état authentiques écrites sous Georges VI, relatives aux événemens les plus importans en Angleterre et dans l'Europe, etc., depuis le milieu du dix-huitième siècle jusqu'à la fin du vingtième *et du monde*, reçus et révélés en 1718. Londres, 1733 : in-8°, qui devait être suivi de cinq autres volumes. Cet ouvrage, qui fut saisi et qui est très-rare, dit la biographie, est du philantrope irlandais Madden.

Mémoires sur l'Europe vers la fin du dix-huitième siècle, publiés en 1710, 2 vol. in-8°, par mistress Manley. Je ne sais si c'est exact.

Il existe aussi en Angleterre un ouvrage assez connu intitulé *The century of inventions*, le siècle des inventions.

Ce ne sont là que des utopies sans action, comme l'an 2440 et le voyage de Kang-hi, par M. de Lévis, dont une analyse que je lus vers 1810 dans le *Journal de l'Empire* fit sur moi, alors écolier, une impression que je me rappelle encore.

Quant aux apocalypses et aux fins du monde, on en a essayé plusieurs en France et en Angleterre. Il existe, je crois, plus d'un poëme intitulé *The last man*; le plus connu est celui du célèbre Thomas Campbell. Je me souviens d'avoir entendu mentionner pour la première fois, il y a environ dix ans, un poëme français dont le sujet est aussi *le dernier homme*, par Granville; poëme connu d'un petit nombre de curieux et que je n'ai jamais vu: *Habent sua fata!* C'était Charles Nodier qui m'en parlait avec une prédilection, un enthousiasme dont je lui savais un gré infini. Il y a une jouissance pour les honnêtes gens littéraires à protester contre les arrêts de la célébrité ou plutôt les caprices de la vogue. Quoiqu'on dise que les bons ouvrages ne tombent point dans l'oubli, il y a tant de sots livres dont la réputation se perpétue, qu'on peut nier le premier point avec l'argument *à contrario!* Puisque j'ai nommé Charles Nodier, je dirai ici que si le *Roman de l'avenir* eût dû être fait par tout autre que moi, c'eût été certainement à lui de le faire. Cette idée allait à la richesse de son imagination et à la souplesse de sa plume. Je regrette pour la littérature qu'il n'en ait pas été ainsi. Je n'ose dire que je le regrette aussi pour moi, parce qu'on ne me croirait pas.

Quant à l'Allemagne, j'ignore absolument ce qu'on y a essayé dans ce genre. J'ai lu un morceau fort remarquable de Ph. Chasles sur Jean-Paul Richter, génie original et digne d'un tel traducteur que Chasles; je ne crois pas y avoir vu qu'il ait fait de l'avenir l'objet de quelqu'une de ses conceptions.

Si je publie une seconde partie, je pourrai bien y ajouter, dans les notes, le sommaire de l'ouvrage de Mercier. Ceux qui ne l'ont pas lu seront peut-être bien aises de trouver réunies en quelques pages toutes les idées, souvent aussi heureuses que bizarres, de cet homme d'esprit, mais écrivain diffus et déclamateur.

On trouve dans le livre la plupart des opinions des économistes, et toutes les haines, et tous les enthousiasmes, et tous les jugemens impitoyables sur le passé, de l'école philosophique et sentimentale du dix-huitième siècle, et avec cela, à côté de chaque perfectionnement dans l'avenir, une interminable critique du présent, accompagnée de longs mouvemens oratoires. Mais comment peut-on éviter de porter l'empreinte de son époque, à quelque originalité qu'on puisse prétendre? Toujours est-il que dans le long fatras des prédictions de Mercier il s'en trouve beaucoup de réalisées et qui sont aujourd'hui presque de la vieille histoire. La comparaison de son avenir avec notre présent est amusante surtout pour cela.

Je me souviens de m'être essayé dès long-temps dans ce genre, et sans beaucoup d'effort d'esprit, car il y avait déjà un commencement d'exécution à ma prophétie. C'était en 1822 : l'insurrection grecque avait éclaté et à-propos du curieux panorama de l'Athènes des Turcs, je publiais dans le *Miroir* l'article suivant, que je demande la permission de reproduire, par une faiblesse d'auteur retrouvant d'anciens opuscules.

Athènes en 1840.

» Grâce à l'illusion du Panorama, nous avons pu voir Athènes. Mais quelle Athènes? Ce n'est plus celle de Périclès! C'est Athènes telle que le temps, la guerre, la barbarie et les Turcs l'ont faite. Le peintre a rendu sa toile éloquente. Il fait détester encore plus le despotisme.

» Je n'essaierai point de relever par la pensée toutes ces nobles ruines, en me transportant aux jours où tant de grands hommes circulaient sous les élégans portiques dont je vois à peine les traces : de trop pénibles rapprochemens naissent de cette fiction déjà souvent reproduite. J'aime mieux me livrer à des images plus consolantes. Je laisse la comparaison du passé avec le présent, pour celle du présent avec l'avenir. Je m'efforce d'oublier Athènes florissante sous les lois de Solon, pour ne songer qu'à l'Athènes que nous promet le dix-neuvième siècle.

« Ce n'est pas dans la vaste enceinte du Pnyx que se discutent les lois et les affaires de l'état. Les sociétés ne se gouvernent plus en plein air : où sont les hommes qui pourraient se faire entendre de la tribune d'où tonnait Démosthène ? aujourd'hui les assemblées politiques sont des délégations, et les orateurs des mandataires. Les citoyens n'ont plus d'esclaves qui travaillent pour eux, et les ateliers de l'industrie ont vidé la place publique. Aux factions turbulentes d'une démocratie aveugle et passionnée, créant follement des idoles de popularité qui devenaient bientôt ses tyrans, succéderont peut-être la vénalité d'une représentation avilie ou des élections faussées par la violence. Mais quelles institutions n'ont pas leurs abus ? Si la police républicaine des anciens avait plus d'énergie et de grandeur, le régime trouvé dans les forêts, comme dit Montesquieu, offre plus de sécurité et de garanties aux individus ; c'est le gouvernement de la société moderne.

» Le Parthénon, ce glorieux monument du génie de Phidias, est restauré. C'est là que le congrès d'Athènes tient ses séances. Quel palais plus digne d'un corps de législateurs que le temple de Minerve ? Les Propylées, que détruisirent les bombes vénitiennes, viennent d'être relevées. Une foule immense remplit ces superbes vestibules et se porte vers le Parthénon : la garde civique d'Athènes est sous les armes ; j'entends tonner le canon de l'Acropolis. Quelle solennité célèbre-t-on ? C'est l'anniversaire de la délivrance de la Grèce et en même temps l'ouverture d'une session législative. Le cortége se dirige d'abord vers une haute colonne élevée à la mémoire des hommes qui ont servi la cause de l'indépendance grecque. Leurs noms y sont inscrits ; je m'approche, je reconnais parmi eux des noms français, et je sens mon cœur tressaillir. Plus haut est une grande inscription dont je ne peux lire que le mot *alliance*. S'agit-il de celle des peuples ? Je suppose que c'est plutôt de la fameuse alliance des rois au commencement du siècle ; mais l'éloignement de l'inscription m'empêche de savoir comment elle est jugée par la postérité.

« La prison turque, cette vieille tour, reste d'un fort vénitien, est rasée. La colonne de la délivrance a été érigée sur son emplacement. Devant ces grottes obscures, qui furent les cachots de l'aréopage, sont des jardins délicieux, des retraites commodes et paisibles. Près du lieu où Socrate et Phocion burent la ciguë, habitent des hommes vertueux proscrits de leur pays pour leurs opinions politiques ou leurs idées religieuses. Galilée ou Sydney, s'ils vivaient, y trouveraient un refuge. Les Athéniens modernes ont voulu que jusqu'au moment où la tolérance et la liberté seront établies sur toute la terre, ces jardins soient l'asile de ceux que poursuivent l'arbitraire et le fanatisme. O la plus illustre des victimes de l'intolérance, Socrate, tu dois trouver ta mort dignement expiée!

« Les ports de Phalère, de Munychie et du Pirée ont recouvré leur antique splendeur. Une forêt de mâts y est rassemblée. De vastes et savantes constructions offrent une heureuse sécurité aux vaisseaux de vingt nations. Le commerce de l'Asie et de la Méditerranée y trouve un entrepôt ouvert à tous ses produits, et le commerce indigène est protégé par la belliqueuse marine d'Hydra dont les premiers efforts furent si glorieux, qui força ensuite les Dardanelles, qui bombarda Constantinople. C'est à Hydra que stationnent les vaisseaux de haut bord de la marine athénienne.

« Des platanes se sont élevés de nouveau dans les jardins d'Académus. C'est là que le premier corps littéraire d'Athènes se rassemble. On ne s'y évertue point à déclamer des lieux communs dans un langage apprêté. On s'y occupe de choses plus graves et plus utiles. On y professe les principes éternels de la morale et de la religion extraite des livres des Platon, des Cicéron, des Rousseau, des Francklin. Le gymnase de Ptolémée est une succursale de l'Académie. On y enseigne les lettres grecques, et en même temps les littératures de l'Europe moderne. Là où l'aréopage tenait ses séances, je vois le palais de justice d'Athènes; un jury éclairé y a remplacé les Anitus. Au lieu de ces lois de Dracon écrites, disait un ancien, avec du sang, les Athéniens ont un code basé sur les principes des Bentham et des Beccaria. Rien n'empêche les avocats de Thessalie ou de Macédoine de venir à Athènes défendre leurs amis.

« Je vois une école d'enseignement mutuel là où était l'école turque, dans laquelle de pauvres enfans recevaient d'ignorans dervis plus de coups de fouet que d'instruction : une imprimerie occupe l'emplacement de la mosquée du bazar; enfin je découvre le fameux socle sur lequel était la tribune d'où les orateurs d'Athènes gouvernaient le peuple par la parole. Une balustrade entoure ce monument vénérable auquel se rattachent tant de souvenirs glorieux, ce point d'appui d'où le levier de l'éloquence faisait mouvoir tant de milliers d'hommes armés pour la patrie. Un portique s'élève au-dessus de ces pierres si majestueuses dans leur simplicité rustique, et sur le fronton on lit ces mots : *Athéniens, vous êtes représentés.*

Saint-Malachie et la fin du monde.

J'ai dit quelque part que l'action se passe vers la fin du 20ᵉ siècle. Les personnes qui connaissent la curieuse prophétie de Saint-Malachie, moine irlandais, doué sans doute d'une seconde vue plus longue que celle de ses compatriotes, et qui mourut à Clairvaux, dans les bras de Saint-Bernard, son ami, ces personnes-là, dis-je, devront me savoir gré d'avoir donné quelque répit à ce pauvre monde qui, suivant la susdite prophétie, ne vivrait pas jusque là. En effet, d'après Saint-Malachie, il ne doit plus y avoir que douze papes d'ici la fin du monde. Or, en évaluant à dix ans la durée moyenne du pontificat, ce qui est beaucoup trop, si l'on songe au soin que prennent les cardinaux de poser la thiare sur les têtes les plus caduques, pour rapprocher leur chance d'y arriver, nous n'en aurions plus que pour cent vingt ans.

On sait les singulières rencontres qui se sont opérées entre cette prophétie et la réalité. Une devise en deux ou trois mots est attribuée à chaque pape depuis le douzième siècle, et plusieurs se sont appliquées sans qu'on en forçât beaucoup le sens. C'est ainsi que la devise *Aquila rapax*, tombant sur Pie VII, a été expliquée par la confiscation des états pontificaux par l'aigle impériale. Les continuateurs du commentaire n'auront sans doute point manqué pour les devises suivantes : *Canis et coluber* pour Léon XII, *Vir religiosus* pour Pie VIII, *De balneis Etruriæ* pour Grégoire XIV. Pour faire plaisir aux amateurs, je vais leur donner la fin de la prophétie, c'est-à-dire les douze papes qu'il nous reste à faire.

1 *Crux de cruce.*
2 *Lumen in cœlo.*
3 *Ignis ardens.*
4 *Religio de populata.*
5 *Fides intrepida.*
6 *Pastor angelicus.*
7 *Pastor et nauta.*
8 *Flos florum.*
9 *De medietate lunæ.*
10 *De labore solis.*
11 *Gloria olivæ.*
12 *In persecutione*

extremâ sacræ romanæ ecclesiæ sedebit PETRUS ROMANUS *qui pascet oves in multis tribulationibus, quibus transactis, civitas septicollis diruetur et judex tremendus judicabit populum.*

FIN.